IL PERICOLOSO LIBRO DELLE COSE DA VERI UOMINI

LE COSE DA FARE

CONN IGGULDEN HAL IGGULDEN

Il PERICOLOSO libro delle COSE da VERI UOMINI

LE COSE DA FARE

MONDADORI

Le immagini fotografiche presenti alle pagine 60, 69, 88, 107 e 110 del libro sono su licenza Shutterstock.

Per alcune delle illustrazioni pubblicate l'editore ha ricercato con ogni mezzo i titolari dei diritti senza riuscire a reperirli: è ovviamente a disposizione per l'assolvimento di quanto occorra nei loro confronti.

Gli elementi grafici presenti in copertina sono su licenza di Shutterstock. Rielaborazione grafica di Stefano Moro.

Il contenuto del presente volume è tratto da *Il pericoloso libro delle cose da veri uomini*, pubblicato per la prima volta da Arnoldo Mondadori Editore S.p.A. nel 2007.

Traduzione di Tommaso Percivale
Testo italiano a cura di Pierdomenico Baccalario
Illustrazioni di Richard Horne e Luca Salvagno

Coordinamento editoriale: Alessandro Gelso, Ilaria Stradiotti
Art director: Fernando Ambrosi
Impaginazione e grafica degli interni: Erika Zamboni
Grafica di copertina: Stefano Moro

www.ragazzimondadori.it

Titolo dell'opera originale:
The Pocket Dangerous Book for Boys. Things to Do
Prima edizione maggio 2017
Stampato presso ELCOGRAF S.p.A.
Via Mondadori, 15 – Verona
Printed in Italy
ISBN 978-88-04-67623-2

AI NOSTRI TEMPI NON ESISTEVA UN LIBRO COSÌ

In un'epoca di giochi elettronici e telefoni cellulari, occorre riscoprire il sapore dell'avventura da vivere in prima persona e di storie di incredibile coraggio.

La chiave è la "curiosità": quella che muove i grandi esploratori e che stimola la creatività dei grandi inventori.

Da ragazzi avremmo fatto di tutto pur di avere le risposte contenute nelle pagine di questo libro. Perché l'abbiamo scritto ora? Perché riteniamo che ci siano storie che devono essere sempre raccontate.

Le storie di coraggio e intraprendenza sono fonte d'ispirazione, sono sfide che possono essere ripetute. Da te. Dopo che le abbiamo scritte, abbiamo smesso di lamentarci per una pastasciutta riuscita male o per una martellata sul dito. Ci siamo resi conto che non sono semplici storielle, ma che fanno parte di un mondo speciale, quello dei veri uomini, che non vorremmo vedere scomparire.

Ti pare un discorso da "vecchi"? Forse hai ragione. Ma ricorda: gli uomini e i ragazzi di oggi non sono molto diversi da quelli di ieri. E forse, domani, questo libro verrà trovato in una soffitta polverosa da alcuni ragazzi annoiati. Ci auguriamo che, sfogliandolo, possano scoprire un nuovo modo di vedere le cose e, soprattutto, di apprezzarle.

Conn Iggulden e Hal Iggulden

CAPITOLO 1

IL KIT DA VERI UOMINI

Di questi tempi non è molto facile trovare una scatoletta di latta per contenere tutti gli attrezzi che vi saranno necessari ad affrontare le giornate più noiose. Uno di noi (non vi diciamo chi) una volta ci mise dentro un topolino bianco e la portò a scuola. Meglio non raccontarvi cosa è accaduto quando ci si è seduto sopra. Se non trovate una scatoletta, riempitevi le tasche. Dopotutto, sono fatte apposta per portare un sacco di cose utili.

1. **Coltellino svizzero** È il migliore tra i coltelli tascabili. Può essere trasportato nelle valigie sugli aerei, ma non nel bagaglio a mano. Vale la pena risparmiare un po' e provare ad acquistare un modello ricco di lame e utensili vari. Quanto? Ce ne sono di ottimi a 30-40 euro. Sono molto utili se è necessario un cacciavite, togliere schegge e aprire bottiglie di birra e di vino, anche se probabilmente sei troppo giovane

per apprezzarle a questa età. Esistono in commercio anche delle custodie in pelle; le migliori possiedono alcuni extra, come una bussola, fiammiferi, una matita, carta e cerotti.

2. **Bussola** È sempre gratificante possederne una. Quelle più semplici possono essere acquistate nei negozi di articoli per campeggio e dureranno per sempre. Dovunque tu sia, devi sapere dove si trova il Nord.

3. **Fazzoletto** Ci sono diversi usi per questo semplice pezzo di stoffa: puoi evitare di inalare fumo, bloccare il sangue in uscita da una ferita o puoi offrirlo a una ragazza che piange (a patto che sia pulito!). Quelli grandi, poi, possono essere usati come fionda. Vale la pena tenerli con sé, non credi?

4. **Scatola di fiammiferi** Inutile dire che devi essere molto attento. I fiammiferi conservati in una scatola asciutta o all'interno di un sacchetto di plastica possono essere molto utili durante una fredda notte in cui sei costretto a dormire all'aperto. Se li ricopri con un po' di cera, poi, li rendi impermeabili e per accenderli ti basta grattare via la cera con l'unghia.

5. **Una bilia** La tua preferita, del colore che vuoi e bella grossa.

6. **Ago e filo** Anche in questo caso ci sono parecchie cose

utili che puoi realizzare con essi: dal cucire la ferita di un cane al riparare una maglietta strappata. Assicurati che il filo sia molto robusto, così lo potrai usare anche per pescare.

7. **Carta e matita** Se assisti a una rapina e devi segnarti il numero di targa del rapinatore, potresti avere bisogno di carta e matita. In alternativa puoi usarli per compilare la lista della spesa, per giocare con gli amici e per qualsiasi altra cosa ti possa venire in mente.

8. **Una torcia** Ce ne sono alcune vendute come portachiavi, particolarmente piccole e luminose. Se sei al buio e hai bisogno di consultare una mappa, una torcia di qualsiasi tipo è quello che ci vuole.

9. **Lente d'ingrandimento** Per qualsiasi evenienza. Può anche essere usata di giorno per accendere un fuoco.

10. **Cerotti** Giusto uno o due, o meglio ancora, un pezzo di garza, di quelle un tempo usate per le fratture. Probabilmente non serviranno, ma non si sa mai...

11. **Ami** Se hai un filo robusto e un piccolo gancio, ti servono solo una canna e un verme per avere la possibilità di acchiappare qualcosa. Aggancia l'amo in un pezzo di sughero o prima o poi te lo pianterai in una mano.

CAPITOLO 2

I QUATTRO NODI CHE TUTTI DOVREBBERO CONOSCERE

Essere in grado di annodare corde è estremamente utile. È incredibile come la maggior parte delle persone conosca soltanto il nodo piano o quello detto "del vaccaio". In realtà ci sono centinaia di nodi e qui puoi imparare quelli che devi assolutamente conoscere se vuoi essere un vero uomo.

Ogni nodo richiede una pratica costante. Ho imparato a fare una gassa d'amante durante un viaggio a vela sul Pacifico. Per tre settimane ho usato un vecchio pezzo di corda per allenarmi, sia di giorno che di notte, eppure, quando sono tornato a casa, ho provato a mostrare alla mia fidanzata quanto ero bravo e... mi sono accorto che non ero più in grado di farlo. Quindi, una volta imparati, ogni tanto ripassa l'esecuzione dei nodi per essere pronto a farli quando sarà necessario.

Ci sono centinaia di ottimi libri sull'argomento, compresi manuali per veri esperti. Quelli che seguono sono i nodi più comuni e ti saranno utili in molte occasioni, per esempio a costruire una casa sull'albero, in campeggio, durante la navigazione o per legare il tuo cavallo fuori dal saloon. Detto tra noi, fanno anche colpo sulle ragazze!

1. Il nodo piano

È utilizzato per ridurre l'oscillazione delle vele quando il vento diventa forte. Se osservi una barca a vela noterai alcune corde che pendono ma, quando la vela viene piegata sul boma, le corde sono legate tra loro con il nodo piano. È un nodo simmetrico e bello a vedersi. La regola da ricordare è: sinistra sopra destra, destra sopra sinistra. È adatto ad annodare tra loro due corde di dimensioni simili.

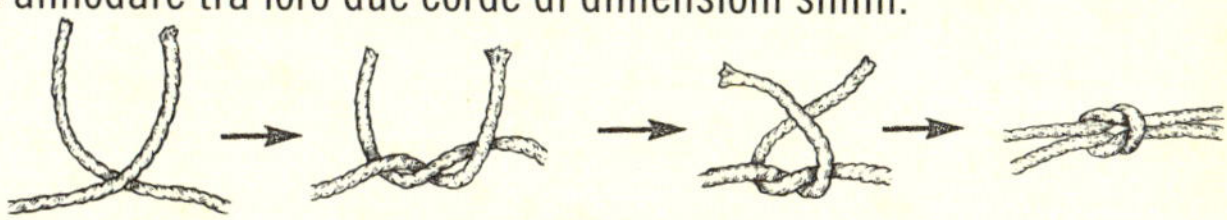

2. Il nodo a otto

È il più indicato a fermare una corda che scorre all'interno di un foro. Una doppia figura a otto serve solitamente per aggiungere alla corda un po' di peso necessario per lanciarla. È chiamato nodo a otto perché il suo aspetto ricorda… un otto!

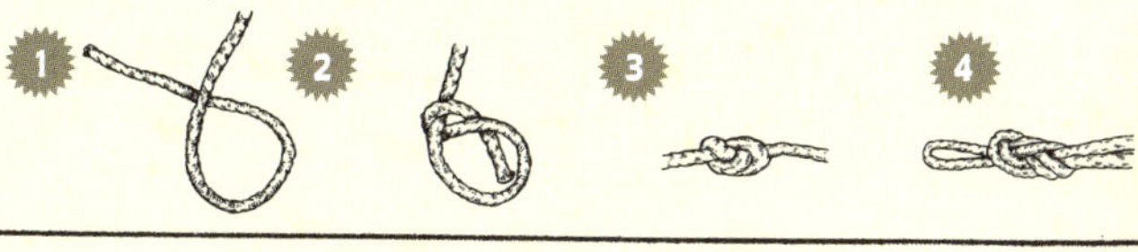

3. La gassa d'amante

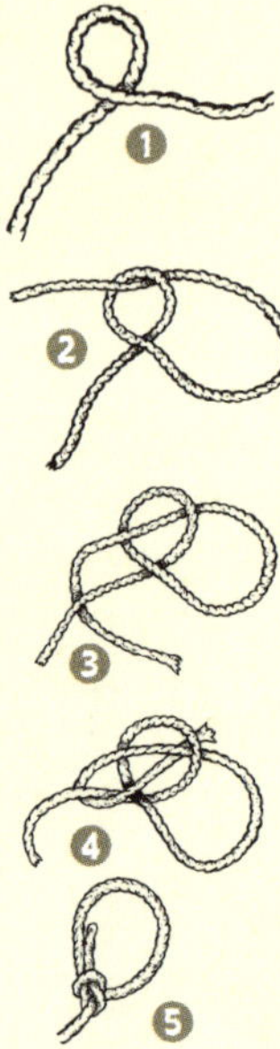

È un nodo tremendamente utile ed è solido come una roccia. Lo si usa ogni volta che si deve fare un anello a un capo di una corda, per esempio per agganciarsi a paletti o rami.

1. Fai un giro con il capo uscente sovrapposto a quello entrante, lasciando abbastanza spazio all'interno per circondare il palo o l'albero a cui vuoi agganciare la corda.
2. Ora immagina che l'anello sia la tana di un coniglio e il capo della corda sia il coniglio. L'altro capo è l'albero. Spingi il capo attraverso l'anello: il coniglio esce dalla tana.
3. Fai passare il coniglio dietro l'albero.
4. Fai rientrare il coniglio dentro la tana, all'interno dell'anello.
5. Tira, stringendo con attenzione.

4. Il nodo barcaiolo

È un nodo temporaneo e d'emergenza, il tipico nodo utilizzato dai cowboy per legare i cavalli. Il vantaggio del suo impiego sta nella velocità con cui è possibile realizzarlo. Si tratta, in pratica, di arrotolare la corda intorno a un paletto e far passare un capo sotto uno degli anelli. Se ti eserciti un po', diventerai velocissimo!

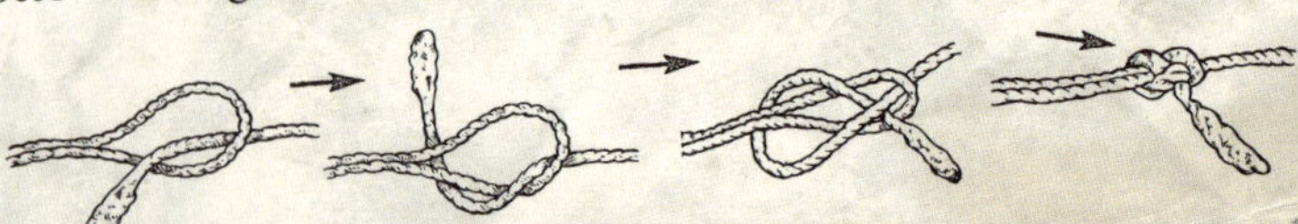

CAPITOLO 3

COME FARSI IL NODO ALLA CRAVATTA

Ci sono occasioni in cui un vero uomo si distingue dagli altri perché ha una cravatta perfetta. Ecco come devi fare.

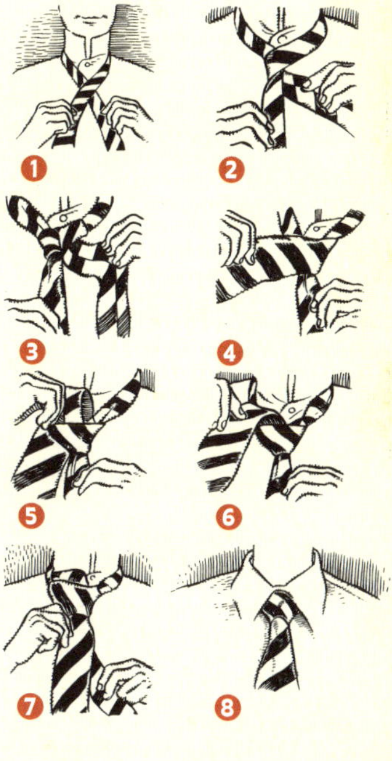

1. Abbottonati la camicia fino all'ultimo bottone. Chi porta la cravatta con l'ultimo bottone aperto non ci sa fare. Ora piazzati davanti allo specchio. Fai passare la cravatta intorno al collo. L'estremità a destra (quella larga) deve essere lunga più o meno il doppio di quella più stretta. Incrocia le due estremità, con la stretta sotto alla larga.

2. Metti il pollice della mano sinistra sotto l'estremità stretta per tenerla ferma, poi fai fare all'estremità larga un giro intorno a quella stretta.

3-4. Fai fare alla parte larga un secondo giro intorno a quella stretta fermandoti dietro.

5-6. Passa l'estremità larga dentro al triangolo vuoto che si è formato attorno al tuo collo, in modo che sbuchi poi davanti.

7. Con l'indice della mano sinistra allenta leggermente il nodo e facci passare dentro l'estremità larga. Ora tieni fermo il nodo con la sinistra, tira dolcemente l'estremità stretta: come per magia vedrai che il nodo sale verso l'alto. Tira fino a quando non copre il bottone della camicia.

Regola uno: ripeti tutto dall'inizio almeno 10 volte. I primi nodi della cravatta di ogni uomo fanno sempre schifo...

Regola due: il nodo deve essere piccolo, mai troppo grosso. Se devi scegliere tra due cravatte, scegli quella più sottile.

Regola tre: a nodo finito, l'estremità larga deve essere più lunga di quella stretta.

Regola quattro: se devi comprare una cravatta, sceglila a tinta unita o con disegnini molto piccoli.

CAPITOLO 4

COSTRUIRE UNA PILA ELETTRICA

Una pila è costituita da un **catodo** (il polo positivo), da un **anodo** (il polo negativo) e da un **elettrolite** (la parte chimica che sta in mezzo). Ci sono molti modi di combinare questi tre elementi e produrre elettricità.

L'elettricità è il movimento degli elettroni, piccole particelle sub-atomiche caricate negativamente.

L'anodo dovrebbe essere costruito usando un materiale che rilascia facilmente elettroni, come il nichel. Il catodo, invece, con un materiale che tende a ricevere elettroni, come il rame. L'elettrolite all'interno può essere un liquido, un gel o una pasta. L'importante è che contenga ioni caricati positivamente e negativamente, in grado di muoversi quando l'anodo e il catodo vengono attivati.

Quando il fisico Alessandro Volta (Como 1745-1827) realizzò la prima pila, impiegò rame per il catodo, zinco per l'anodo e un elettrolite costituito da carta assorbente imbevuta di acqua di mare. Dal suo cognome deriva "volt", l'unità di misura della differenza di potenziale: una batteria da auto, per esempio, ha 12 volt.

Cosa ti serve

- 10 monete da 1 euro (sono una lega di nichel)
- Carta stagnola
- Carta assorbente
- 2 pezzi di filo di rame (li puoi recuperare ovunque)
- Aceto di malto
- Sale
- Vaschetta
- Un LED, che trovi nei negozi di elettronica
- Nastro adesivo

Se immagini l'elettricità come l'acqua che scorre in un tubo, il volt è la pressione con cui quest'acqua scorre. La quantità di acqua che attraversa il tubo in un certo intervallo di tempo è il flusso di corrente, che si misura in ampère. Puoi quindi avere abbastanza voltaggio da farti drizzare i capelli in testa, ma senza un buon flusso di ampère non riuscirai nemmeno a provocare una scintillina. La rete elettrica di casa tua ha 220 volt ed eroga abbastanza corrente da farti cadere stecchito come un baccalà.

Le monete diventeranno il nostro anodo, la stagnola il catodo.

Ecco come fare

1. Ritaglia la stagnola e la carta assorbente in piccoli dischi di diametro leggermente maggiore di quello delle monete, in modo che possano essere impilati uno sopra l'altro. La carta assorbente, che ha anche lo scopo di evitare che le parti in metallo facciano contatto tra loro, andrà poi impregnata di aceto.

2. Mescola l'aceto con un poco di sale nella vaschetta. L'aceto è composto da acido acetico e tutti gli acidi possono essere usati come elettroliti. L'acido solforico che si trova nelle batterie delle automobili è troppo pericoloso: può bucare i vestiti e ustionare la pelle, al contrario dell'aceto, che al massimo ti farà puzzare un po' le mani. Il sale comune ha il nome chimico di cloruro di sodio, una combinazione di ioni positivi e negativi (Na+ e Cl-), che si separeranno nell'elettrolite, aumentandone la potenza.

3. Imbevi i dischi di carta assorbente nell'elettrolite arricchito di ioni.

4. Con il nastro adesivo attacca un capo del filo di rame, a cui avrai opportunamente tolto la guaina isolante, a uno dei dischi di stagnola: questo sarà il tuo polo negativo. Ora impila tutto in quest'ordine: stagnola, carta assorbente, moneta, stagnola, carta assorbente, moneta. Ogni gruppo di tre è in realtà una piccola batteria, ma per ottenere abbastanza energia da poter accendere anche solo la lucina del LED devi raggrupparne un certo numero. Una batteria da automobile ne ha sei molto più grandi. Come regola generale tieni presente che più grande è la batteria, maggiore è la potenza che può erogare (la potenza si misura in watt = ampère x volt).

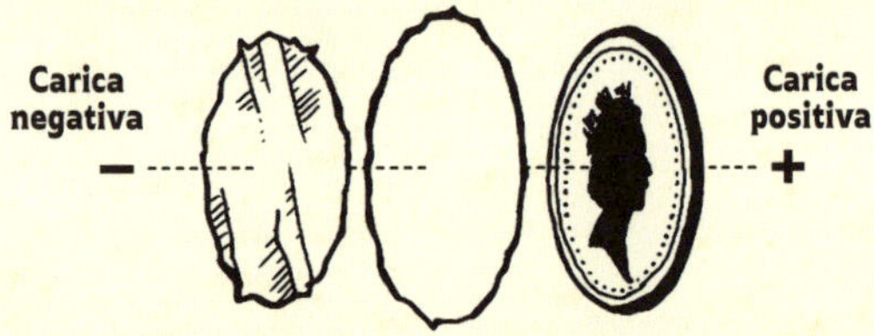

Tutti gli ioni positivi cominciano a muoversi verso un polo, mentre tutti quelli negativi andranno verso l'altro. La batteria si sta caricando!

5. Quando avrai impilato un po' di elementi (da qui il termine "pila") puoi attaccare il secondo filo di rame alla moneta più alta: questo sarà il polo positivo.

Collegando i due fili ai piedini del LED lo accenderai. E con un po' di prove potrai accendere anche una piccola lampadina.

Se hai capito il principio con cui funziona questa pila, allora hai capito come funzionano tutte quelle attualmente in commercio: da quelle al nichel-cadmio, a quelle agli ioni di litio, da quelle ricaricabili per telefoni cellulari a quelle che fanno funzionare i giocattoli.

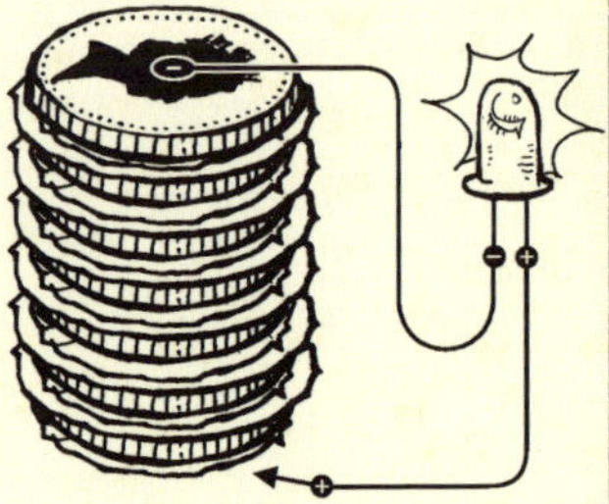

CAPITOLO 5

LE FIONDE

Le fionde hanno affascinato i veri uomini sin da quando questi sono riusciti a mettere le mani su una striscia di gomma. Nell'antichità si usavano le frombole di cuoio, come quella che, secondo la Bibbia, Davide usò per abbattere il gigante Golia. Non si tratta di semplici armi: possono essere impiegate per la caccia o per lanciare esche sulla superficie di un lago durante la pesca (si chiama "pasturare"). Possono esse-

Cosa ti serve

- **Un bastoncino a Y**
- **Una striscia di gomma da 60 cm**
- **Un poco di spago per legare le estremità**
- **Un rettangolo di cuoio: la linguetta di una vecchia scarpa andrà benissimo**

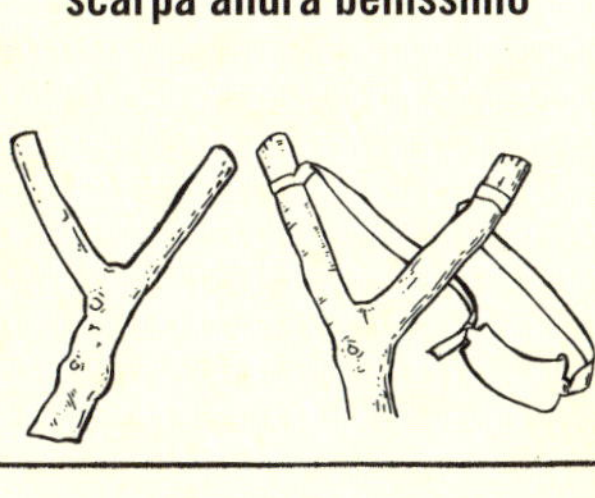

re incredibilmente potenti e precise. Non usarle mai per tirare alle persone.

1. Cerca un bastoncino a forma di Y. Il coltellino svizzero possiede una piccola sega che va benissimo per questi lavoretti. Lo spessore del ramo non deve essere superiore a quello di un dito. Taglialo di lunghezza compresa tra i 15 e i 17 cm.

2. Pratica due intagli ad anello verso la fine dei due bracci superiori. Dovranno ospitare la striscia di gomma ed evitare che scivoli via. Anche in questo caso il coltellino svizzero è perfetto.

3. Trovare la striscia di gomma è la cosa più difficile. Dopo un'inutile ricerca nelle ferramenta e nei negozi di giocattoli, abbiamo scoperto che le vecchie camere d'aria delle ruote di bicicletta danno la resa migliore. Saranno sufficienti circa 60 cm. Per ottenere due strisce taglia la camera d'aria per due volte nel verso della lunghezza.

4. La correggia si realizza facilmente se hai a disposizione una scarpa vecchia. Sia la linguetta che qualsiasi altro pezzo di tomaia sono adatte per realizzare questa parte della fionda: ricava da esse un rettangolo di circa 10x15 cm e pratica due buchi con una punta acuminata per farci passare le strisce di gomma. Il cuoio va molto bene, perché non si rompe e non si taglia.

Ecco fatto! Buon divertimento e... occhio alle finestre!

CAPITOLO 6

COME COSTRUIRE UNA CASA SULL'ALBERO

Diciamolo subito: costruire una casa sull'albero è un lavoro impegnativo. Occorrono qualcosa come sessanta ore per l'intero progetto e più di 150 euro per comprare il necessario (legno, chiodi ecc.). In altre parole: è un lavoro per i papà. Potresti spendere lo stesso tempo e gli stessi soldi in videogiochi, ma in questo caso fuori dalla finestra vedrai sempre e solo un albero, e non una CASA SULL'ALBERO! Non ti insegneremo a inchiodare quattro assi ai rami, ma a realizzare una costruzione capace di resistere alle intemperie! Come una canoa o una zattera, la casa sull'albero è una delle cose migliori che tu possa creare. Vale ogni sforzo,

ogni goccia di sudore, ogni euro e anche qualche goccia di sangue che ci spenderai (martellandoti le dita). E puoi anche esporre una bandiera nera con il teschio!

Per costruire la piattaforma ti servono tavole di pino da 5x15 cm che puoi trovare da qualsiasi venditore di legname. La base della casetta sarà di 2x2 m; facendo un rapido calcolo ti serviranno otto tavole da 2 m ciascuna più una che servirà da rinforzo. Il totale è quindi di 9x2 = 18 m.

Se tuo padre è apprensivo, sarà particolarmente attento a costruire una casa più sicura possibile. Digli che, con queste istruzioni, abbiamo cercato di creare una casetta in grado di resistere a un bombardamento nucleare.

Scegli il tuo albero e controlla se da dove vorresti sistemare la casetta è possibile sbirciare nel giardino di fronte: è utile per invitare gli amici ad ammirare la figlia dei vicini che prende il sole d'estate. Però ricorda che, se qualcuno dovesse lamentarsi, c'è il pericolo che il Comune ti costringa ad abbatterla. Scegli l'altezza a cui vuoi costruire la tua casetta considerando anche l'età di tuo padre. Noi l'abbiamo costruita a circa 2 m e mezzo da terra: maggiore è l'altezza e migliore è il risultato ma, ovviamente, aumentano le difficoltà.

Cosa ti serve

- 30 viti tirafondi da 15 cm con relative rondelle quadrate
- 8 viti tirafondi da 20 cm con rondelle
- 32 viti tirafondi da 10 cm con rondelle
- Travi da 7,5x10 cm lunghe almeno 5-6 m
- Tavole in pino larghe 15 cm e spesse 5. Ne servono circa 18 m
- Travetti da 5x10 cm per l'intelaiatura del tetto (10 m) e delle pareti (46 m)
- Tavolato di pino per pavimentare l'intera piattaforma (4,5 m^2)
- Tavolato di pino per la scala (2,5 m^2)
- Trapano con punte da 14, 16 e 18 mm
- Una borsa di chiodi a testa larga e un martello
- Tavole per rivestimento con battuta semplice, sufficienti per coprire quattro mezze pareti con un'area complessiva di 8 m^2 più circa 5 m^2 per il tetto
- Un giraviti con set di punte per tirare le viti
- Uno scalpello per realizzare gli incavi necessari per i cardini della botola
- Un seghetto alternativo, un trapano elettrico, una sega circolare, una livella a bolla, una corda di sicurezza, due cardini, una scaletta e una scala
- 4 bulloni a occhio che andranno fissati al tronco
- Una borsa di stoffa per fare il contrappeso della botola

La base

Per usare le viti tirafondi bisogna prima praticare un foro nel legno con il trapano affinché possano penetrarvi senza fatica; assicurati di avere abbastanza punte della giusta dimensione e una prolunga che sia sufficiente a raggiungere l'albero e lavorare agevolmente. Oppure procurati un trapano a batteria.

Costruisci la base come ti mostriamo nel disegno sottostante. Per reggere la struttura finché non è fissata saldamente usa una corda di sicurezza annodata a un ramo. Non salire sulla base finché non sarà pronto il sostegno per gli angoli! In questa fase un peso caricato su uno spigolo esterno potrebbe rivelarsi molto pericoloso. Sostenere la base è tecnicamente la parte più difficile del lavoro.

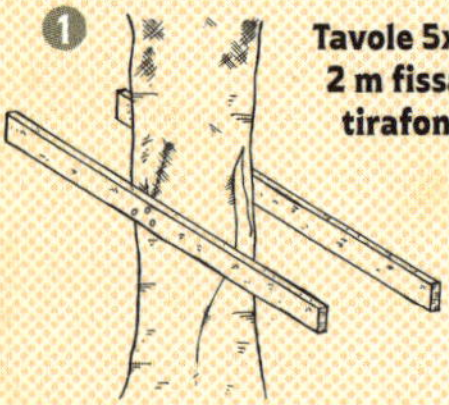

Tavole 5x15 cm lunghe 2 m fissate con 3 viti tirafondi da 10 cm.

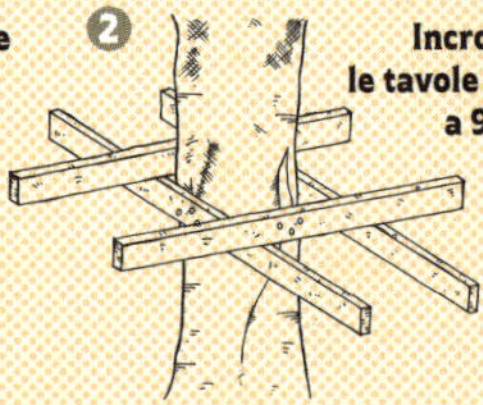

Incrociare le tavole (5x15 cm) a 90°.

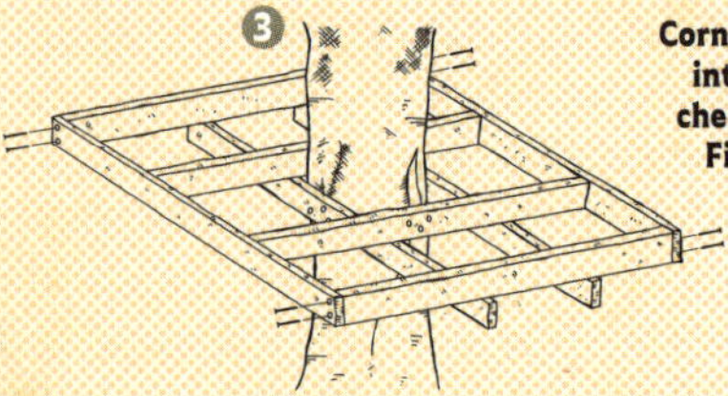

Cornice quadrata (2x2 m) costruita intorno alle due assi superiori, che utilizza le tavole da 5x15 cm. Fissare con due viti tirafondi da 10 cm a ogni angolo.

Sostenere la base

I travetti da 10x7,5 cm sono robustissimi e ti permetteranno di ospitare sull'albero un bel po' di amici corpulenti. Considerata la forma irregolare del tronco, dovranno essere tagliati con lunghezze differenti. Inizia lasciandoli un po' lunghi, si potranno aggiustare in seguito. È difficile tagliare con il giusto angolo la parte che si appoggia alla base della casetta.

La tenuta dei travetti è determinata dalla forma che hanno nel punto di contatto con la piattaforma, per fare in modo che appoggi su una superficie piana. La giuntura ricorda un poco il becco spalancato di un uccello. Taglia a mano segnando prima con un pennarello; inizia segando un triangolo rettangolo lungo i due cateti, come nella figura.

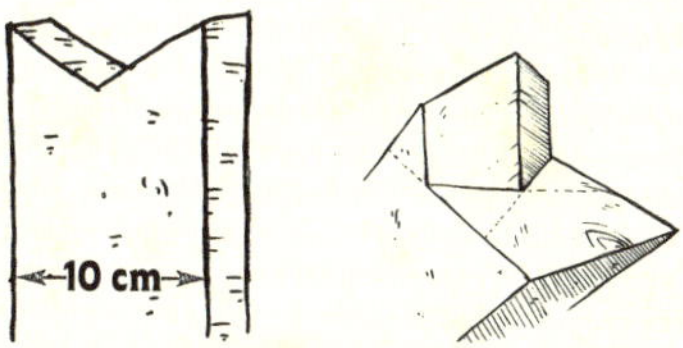

Poi fai un segno a 10 cm di distanza su entrambi gli spigoli. Ora unisci questi punti con l'angolo opposto dell'estremità del travetto per ottenere una croce. Il punto di incontro è il centro dell'intaglio su cui si appoggerà la base. Misura tutto almeno tre volte. Poi taglia dall'esterno verso l'interno. Il secondo taglio va effettuato direttamente da uno dei "becchi" ricavati in precedenza. Misura ancora e poi taglia. Alla fine dovresti ottenere quattro estremità che si incastrano perfettamente con gli angoli della base. Le otto viti tirafondi da 20 cm possono sembrare eccessive per fissare i quattro travetti diagonali al tronco, ma tutto poggia qui. Fora i 10 cm del travetto in modo che altrettanti 10 entrino nell'albero. Non ti preoccupare: non gli farai del male. Gli alberi sono resistenti e patiscono di più una potatura che quattro viti.

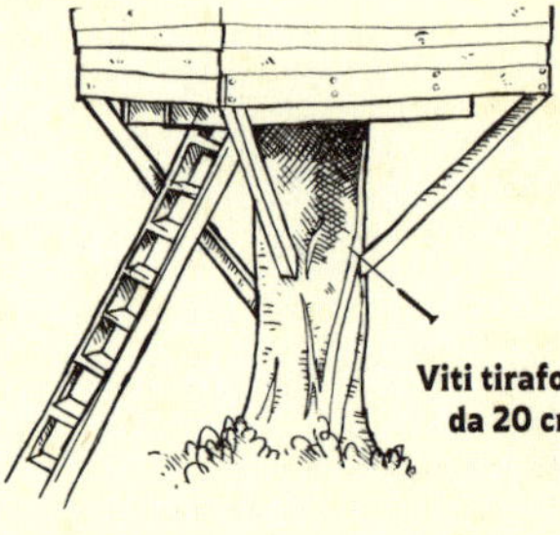

Quando le quattro diagonali sono in posizione, la base non potrà cedere. Abbiamo fatto salire sei uomini adulti (per un peso complessivo di circa 380 kg) sulla casetta. Ha retto perfettamente!

Utilizza gli avanzi delle tavole da 5x15 cm per realizzare rinforzi da fissare diagonalmente in ogni spazio libero della base: hanno lo scopo di sostenere meglio la pavimentazione. Prima di posarla, assicurati di lasciare lo spazio per la botola.

Come pavimentazione abbiamo usato un tavolato di pino che si può acquistare presso qualsiasi venditore di legname. Ha il vantaggio di essere trattato per resistere all'umidità. Abbiamo fissato il tavolato direttamente sui rinforzi e sui travetti che sostengono la piattaforma e usato il seghetto alternativo per sagomare il foro attraverso cui passa il tronco. Ricordati di lasciare un piccolo spazio tra il pavimento e il tronco per permettere la crescita dell'albero.

Le pareti

È più facile assemblare a terra questi rettangoli e poi issarli in posizione. Sono molto pesanti, perciò occorreranno corde robuste e almeno due persone. Non tentare di sollevare una sezione se non è sorretta da una corda di spessore sufficiente.

Per ogni parete abbiamo usato i travetti da 10x5 cm tenuti insieme dalle viti tirafondi da 10. Le pareti devono poi essere ricoperte da tavole di pino sovrapposte. È utilissimo un trapano abbastanza potente da piantare le tirafondi nel legno senza fare prima il buco, altrimenti potresti impiegare degli anni!

La forma è quella di un semplice rettangolo con una mensolina e alcuni supporti verticali. Per l'altezza, decidi a seconda dell'altezza tua e degli amici che inviterai: 160 cm è una misura abbondante.

Ogni parete va appoggiata sulla base e avvitata dall'alto. Non preoccuparti se oscillerà molto: è normale. Le quattro pareti si sosterranno l'una con l'altra e, quando l'ultima sarà messa in posizione, la struttura diverrà molto solida. Anche il tetto contribuirà ad aumentare ulteriormente questa solidità.

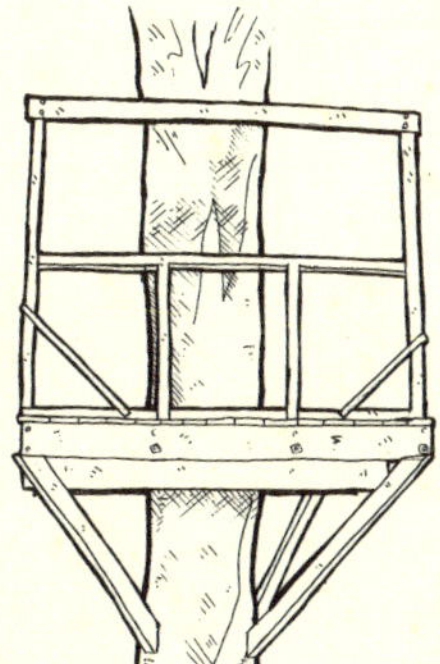

Ricorda inoltre che due delle pareti

saranno più corte delle altre, quindi pianifica accuratamente e misura più volte se non vuoi avere brutte sorprese. Potrebbero darti fastidio le teste delle viti che si troveranno proprio sulla superficie di contatto. Per ovviare a questo problema puoi svasare la sede delle teste con un trapano, usando una punta grande (16 o 18 mm). Oltre alle viti tirafondi da 10 cm, aggiungi anche quattro viti lunghe 15 cm, con relativo dado, per fissare bene le pareti tra loro.

Il tetto

Una volta fissate le pareti puoi cominciare a dedicarti al tetto. Abbiamo usato otto travetti 10x5 cm. La lunghezza dipende dall'inclinazione scelta, ma calcola almeno 120 cm per ciascuno. Tagliali all'incirca di queste dimensioni e poi pratica un intaglio a triangolo a un'estremità (vedi disegno in basso) così che possano appoggiarsi bene sopra la parte superiore delle pareti.

Ora misura e taglia con attenzione: una delle estremità dei travetti sarà a diretto contatto con il tronco, tutt'altro che regolare. Usa otto viti tirafondi da 15 cm per ancorarla all'albero. Dopo aver sistemato i quattro travi angolari, aggiungi i quattro la-

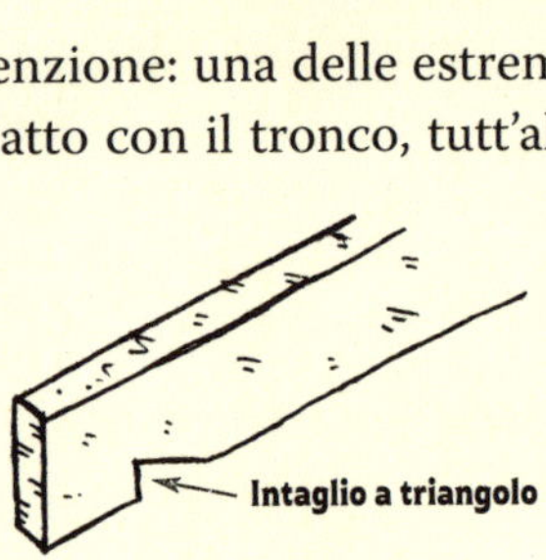

terali. Usa la livella a bolla per essere certo che siano tutti alla stessa altezza o il tuo tetto risulterà irregolare.

Per coprire il tetto ci sono molte soluzioni: ti consigliamo una membrana di plastica fissata ai travi con i chiodi a testa grossa. Sopra abbiamo inchiodato le tavole. Sembra una cosa veloce da fare, ma ogni pezzo va tagliato su misura e quindi montato. Per ragioni estetiche abbiamo fissato anche alcune cornicette lungo le diagonali.

Il tetto porta via la maggior parte del tempo della costruzione. Una buona corda di sicurezza a quell'altezza è indispensabile. Per raggiungere il punto più alto ci siamo messi in piedi sul davanzale delle finestre, abbiamo fatto un anello nella corda e ci siamo seduti all'interno di quello. È chiaro che si tratta di una procedura pericolosa, che solo gli adulti dovrebbero fare.

La scala sarà ricavata dal tavolato per il pavimento. Pensando di poterla sollevare, noi abbiamo fissato la scala in alto, usando qualche bullone allentato, ma si è rivelata troppo pesante per poter essere maneggiata. Sarebbe stato meglio farla di corda. Ricava la botola fissando tra loro i ritagli del tavolato per il pavimento e montandovi una maniglia di corda.

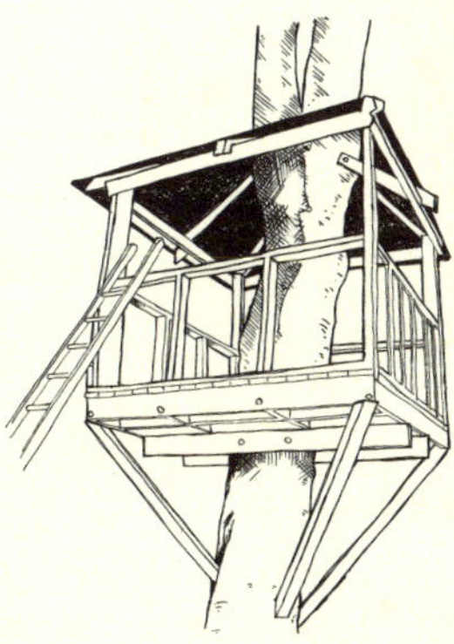

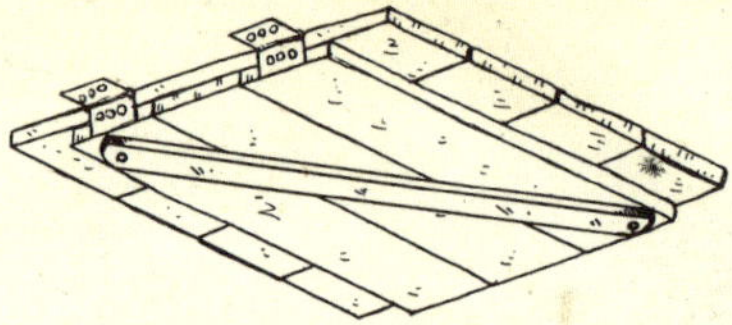

Per evitare che la botola si chiuda a scatto sulle tue dita, vale la pena aggiungere un contrappeso.

Noi lo abbiamo realizzato con un vecchio sacchetto di tela: si fissa il sacchetto a una corda e la si fa passare attraverso un occhiello attaccato al tronco e a un secondo attaccato alla parete. Riempiendo la borsa di pietre e legando l'altra estremità della corda alla botola si ottiene un perfetto contrappeso (per trovare il peso giusto della borsa occorre qualche tentativo). Per aprire dall'esterno basta tirare la borsa, che va quindi posizionata vicino alla scala, mentre per chiudere basterà tirare la cordicella che fa da maniglia. Una volta dentro, si chiude la botola con una bella pedata!

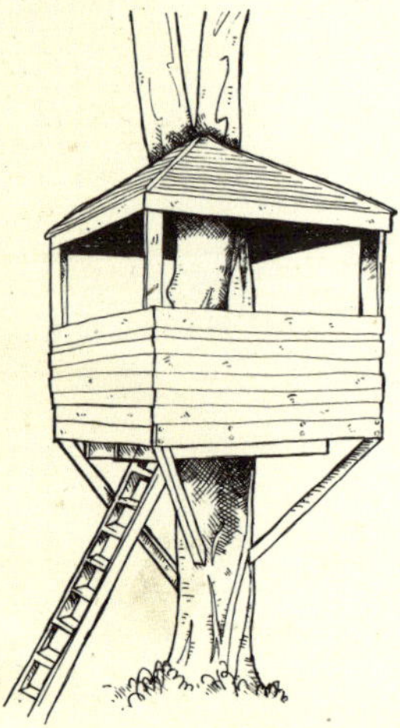

Quando è tutto finito, aspetta una serata tiepida, prendi coperta, cuscini e una torcia e passa la tua prima notte sotto le stelle. Se hai fatto bene il tetto, non le vedrai. In ogni caso portati qualcosa da mangiare: l'aria aperta ti farà venire appetito!

CAPITOLO 7

COSTRUIRE ARCO E FRECCE

Prima o poi ti verrà voglia di costruirti arco e frecce e di giocare anche tu a fare l'indiano. Non c'è bisogno di colpire nulla, basta veder filare la freccia metro dopo metro. L'arco che ti insegniamo a fare tira a una quarantina di metri, che non sono poi un granché, se pensi che nel 1971 l'americano Harry Drake riuscì a tirare una freccia a ben 1854 metri! Anche se te ne parliamo come di un gioco, arco e frecce si possono usare per cacciare e sono un'arma vera e propria. Attento quindi a non puntare mai contro le persone, nemmeno se ti stanno antipatiche!

Le frecce

Ci sono vari sistemi per realizzare la punta della freccia. Se vuoi fare come gli uomini delle caverne, usa la selce. Questa pietra si è formata in un lungo processo di fossilizzazione di tanti microrganismi. Solitamente si deposita insieme

Cosa ti serve

- Selci oppure ossi per fabbricare le punte
- Scatolette di latta (come quelle dei pelati)
- Forbici robuste e un coltellino
- Pezzo di legno elastico, dritto e lungo 120 cm. Va bene legno di olmo, frassino o tasso
- Asta di 90 cm per ogni freccia che vuoi costruire
- Filo e colla
- Cacciavite a croce
- Spago
- Alcune penne di gallina o altro pollame
- Striscia di cuoio per proteggere le dita

al gesso in aree che milioni di anni fa si trovavano in fondo a un oceano.

Cerca un pezzo abbastanza grande. Uno dei pochissimi vantaggi di portare gli occhiali è quello di avere gli occhi protetti da eventuali schegge: se non li porti (beato te!) mettine un paio da sci o da sub prima di far sbattere con violenza due pietre di selce tra loro, tentando di sagomarne una.

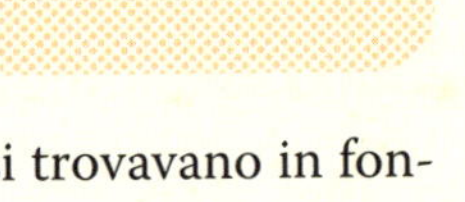

Scoprirai che, colpendo abbastanza forte, la selce si rompe come il vetro, formando bordi molto taglienti. Se avrai un po' di fortuna, con una decina di tentativi otterrai qualche frammento a forma di punta di freccia. Ora viene la parte più difficile, la scheggiatura. Usando il cacciavite con la testa a croce devi cercare di rosicchiare i bordi della punta fino a smussarli e renderli più sottili. Posa la pietra sopra un piano di legno tenero, mantenendovi il bordo che vuoi lavorare bene appoggiato, poi spingi la punta del cacciavite verso l'esterno. Otterrai una serie di semicerchi scolpiti lungo i bordi.

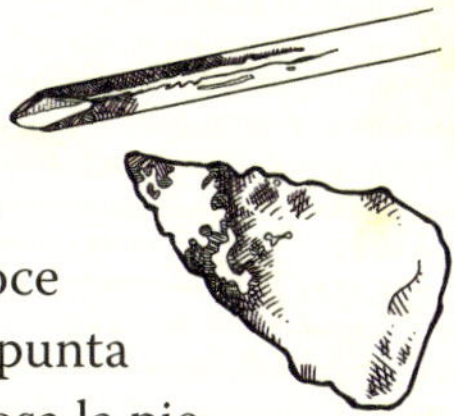

È un procedimento lento e sfiancante, ma se fosse l'unico modo per uccidere un alce e sfamare una famiglia sarebbe tempo ben speso. Poiché crediamo che tu non debba andare a caccia di alci, non impazzirci troppo. Se conosci un adulto che sa usare una mola, puoi chiedergli di darti una mano. Ricordati di lasciare abbastanza materiale dalla parte opposta rispetto alla punta, in modo da poterla legare all'asta. E non arrabbiarti se ne rovinerai un po': non sei un professionista!

Gli ossi sono valide alternative alla selce e possono essere sagomati con la carta vetrata. Abbiamo scoperto che le schegge di un osso d'agnello lasciate da un cane possono essere trasformate in punte senza grosse difficoltà. Ma non chieder-

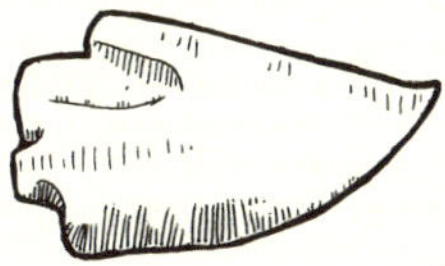

ci come abbiamo fatto. Il sistema più semplice per ricavare buone punte è comunque quello di utilizzare i coperchi delle scatolette, come quelle dei fagioli o dei pomodori pelati. Usa forbici robuste, scoprirai quanto sia facile tagliarti e trascorrere il resto della giornata al pronto soccorso. Ma se ti fai aiutare da un adulto, puoi ragionevolmente pensare che sarà lui a finire all'ospedale, dopo averti aiutato. Ritaglia punte molto allungate, come quella in figura, in modo da rendere più semplice il fissaggio all'asta.

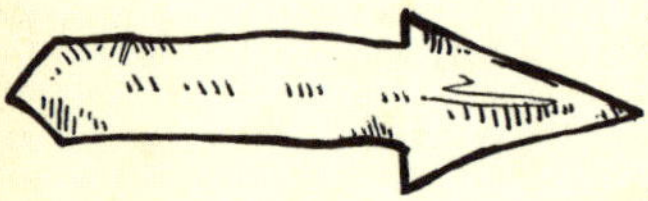

Le punte di latta non sono adatte per fare pratica: infatti si piegano ogni volta che colpiscono un bersaglio duro. Sono assai più utili per cacciare piccoli animali. Per la pratica ti consigliamo di usare direttamente la punta di legno dell'asta della freccia, scolpita con il coltellino, e di tirare su un bersaglio molto morbido, come una vecchia maglia da calcio riempita con giornali accartocciati, stracci vecchi o paglia.

Le aste si costruiscono con rami dritti e sottili tagliati, lavorati e passati con carta vetrata per renderli perfetti. Al giorno d'oggi è facile trovare tondini di legno adatti all'uso nei negozi di fai da te. Noi abbiamo usato legno di olmo, ma qualsiasi tipo che non si scheggi facilmente andrà benissimo.

Ci sono tre fasi nella costruzione della freccia: renderla dritta, attaccare la punta e attaccare le penne. Se hai costruito una punta in metallo, è sufficiente intagliare una fessura sulla punta dell'asta, spingere la punta in posizione e legare saldamente il tutto. Legare una punta di pietra in questo modo è possibile solo se è piatta.

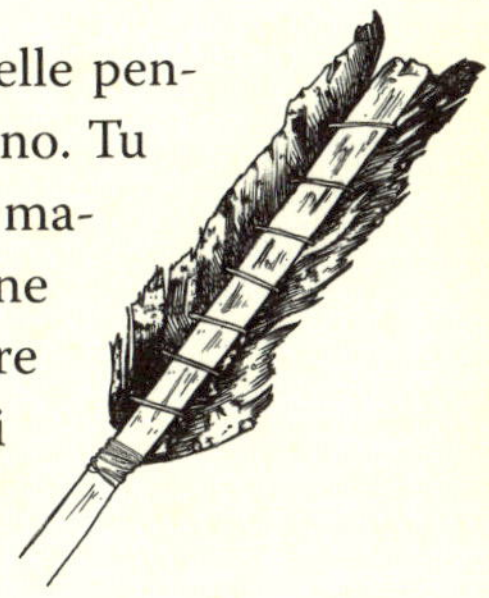

Per completare la freccia ci vogliono delle penne. Noi abbiamo usato quelle di un fagiano. Tu puoi procurartele in una fattoria o da un macellaio, oppure cercare quelle di piccione nei parchi pubblici. L'ideale sarebbe avere quelle di un'oca, che però non sono facili da trovare: sono molto più leggere della plastica e sono tuttora utilizzate dagli arcieri professionisti. Assicurati di averne a disposizione un buon numero.

Con il taglierino o le forbici, taglia la penna come nel disegno, mantenendo intatta una piccola parte del calamo (il fusto più interno e rigido) in modo che non si disfi. Puoi sempre rifinirla più tardi, per cui non hai bisogno di essere particolarmente preciso in questo momento.

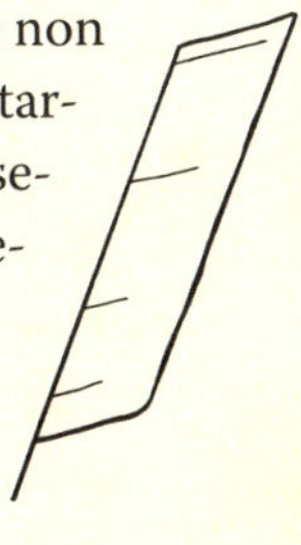

Quando posizioni le penne dovresti lasciare sempre qualche centimetro di legno grezzo all'estremità della freccia, così da avere una presa comoda durante la lavorazione. Noi ci siamo dimenticati e ce ne siamo accorti solo quando è venuto il momento di incoccare!

Le penne vanno disposte a 120° di distanza l'una dall'altra (3x120=360). La cosiddetta penna indice è quella disposta perpendicolarmente all'intaglio, come puoi vedere nell'immagine qui sotto. Incolla le penne con attenzione: quando tiri, la freccia rimane dalla parte opposta dell'arco rispetto alla mano che lo regge, mentre la penna indice va sempre all'esterno rispetto all'arco. Allora le altre due penne possono oltrepassare l'arco senza che ciò influenzi la traiettoria.

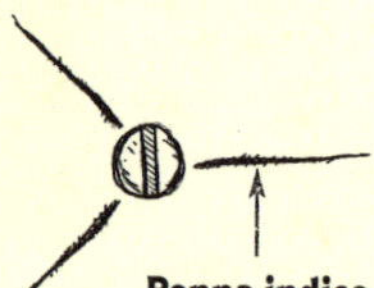

Una goccia di colla manterrà le penne a posto, ma se vuoi rispettare la tradizione dovresti fissarle con un filo grosso. Lo devi legare saldamente a un'estremità e poi risalire arrotolando il filo a spirale fino a raggiungere l'estremità opposta. È un lavoro rognoso, ma ne vale sicuramente la pena. Lega bene il filo e taglia poi quello in eccesso.

Ti consigliamo di preparare cinque o sei frecce, perché è molto facile romperle o perderle.

L'arco

Il legno per l'arco dev'essere dritto e molto elastico; andrebbe lavorato ancora verde, lasciato stagionare all'asciutto per almeno un anno e non messo in tensione fino al momento del primo tiro. Per esperienza sappiamo che gli archi vengono usati appena tagliato il ramo, ma se il legno è fresco gli archi perdono la loro efficacia dopo un giorno o due.

L'olmo va molto bene, come anche il frassino e il tasso. Puoi sperimentare con diversi tipi di legno fresco fino a trovare la migliore elasticità. Anche se gli archi migliori sono realizzati da una combinazione di alburno (la parte di legno sotto la corteccia) e di duramen (la parte più interna) di tasso, se puoi, non tagliare questa specie arborea: è molto antica ed era la pianta sacra ai druidi.

Puoi pensare di usare un intero giovane alberello per sfruttare tutta la sua forza, ma ogni arco più spesso di 1 cm è esagerato. Se hai la possibilità di usare attrezzi da carpentiere, fissa l'arco in una morsa e usa una pialla per assottigliare le due estremità.

Pratica tutti gli intagli per l'arco e per le frecce usando la lama seghettata di un coltellino svizzero. Se non ce l'hai, andrà bene anche un semplice coltello per il pane. Esegui gli intagli nella testa e nel piede dell'arco, a 3 cm dalla fine. Devono essere appena sufficienti a tenere fermo lo spago senza farlo scivolare via.

Hai bisogno di filo sottile e robusto, come il nylon. Le lenze da pesca si strappano troppo facilmente. Negli archi tradizionali il filo era realizzato con fibre di lino cerato oppure con il crine di cavallo intrecciato, entrambi materiali di eccezionale resistenza. I Romani usavano il crine di cavallo anche per gli elastici delle catapulte!

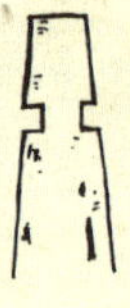

Il nodo impiegato per la corda dell'arco è adatto anche per fissare la barca a un molo. Ha il vantaggio di non stringersi sotto tensione, così può essere facilmente sbrogliato quando non serve più. È chiamato "un giro e due mezzi colli".

Prima di tutto avvolgi in un giro completo la corda all'interno dell'intaglio (il giro); passa un capo sopra poi sotto e quindi indietro attraverso l'anello: un mezzo collo. Ora stringi forte. Per finire fai un secondo collo nello stesso modo: sotto la corda, indietro attraverso l'anello e poi fuori. Dovresti ottenere un nodo che non intacca il legno ma che rimane molto solido.

È consigliabile indossare un guanto sulla mano che regge l'arco

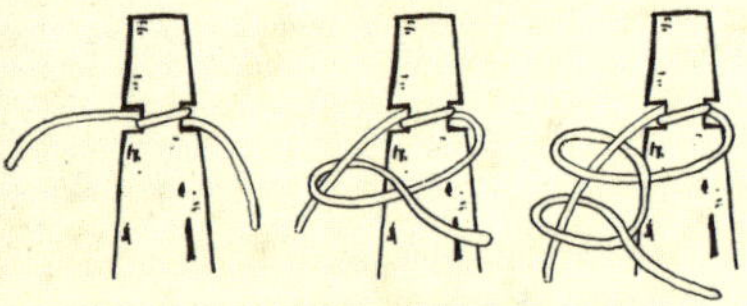

in tensione. Quando scocchi una freccia, infatti, questa passa a una velocità tale che può ferirti. Inoltre abbiamo trovato molto comodo l'uso di due strisce di cuoio per proteggere le dita che tirano la corda (l'indice e il medio). Le puoi trovare da un sellaio o da un tappezziere: entrambi dovrebbero avere dei ritagli da regalarti.

Il segno di vittoria fatto sollevando l'indice e il medio ebbe origine dagli arcieri inglesi che combatterono ad Agincourt (1415). I Francesi avevano dichiarato che, al termine dello scontro, avrebbero tagliato le due dita a tutti gli Inglesi sopravvissuti. Ma poiché alla fine furono i Francesi a perdere, i vincitori inglesi li presero in giro mostrando loro le dita... ancora al loro posto.

CAPITOLO 8

IL CALCIO DA TAVOLO

Il calcio da tavolo è un gioco divertente che richiede materiali poverissimi e serve a passare il tempo... durante le lezioni a scuola.

Cosa ti serve

- **Una superficie piana e liscia, come un banco scolastico o un tavolo**
- **3 monete da 1 euro**

1. Metti le monete vicino al bordo del tavolo, come puoi vedere nel diagramma. Il primo colpo va effettuato con la parte del palmo della mano prossima al polso contro la moneta che sporge per metà. Le tre monete si separeranno: da questo momento si potrà toccare solo quella più vicina al giocatore.

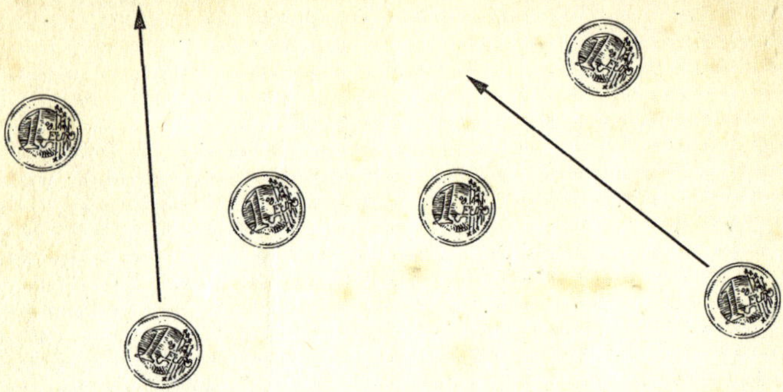

2. Lo scopo del gioco è quello di far avanzare la moneta sul tavolo colpendo quella più vicina a sé e facendola passare attraverso la linea immaginaria che unisce le altre due. Se il tentativo non riesce, il gioco passa al giocatore successivo. Solitamente si usa un dito solo per colpire la moneta. Bisogna valutare bene la forza da imprimere e, nello stesso tempo, pianificare la mossa seguente.

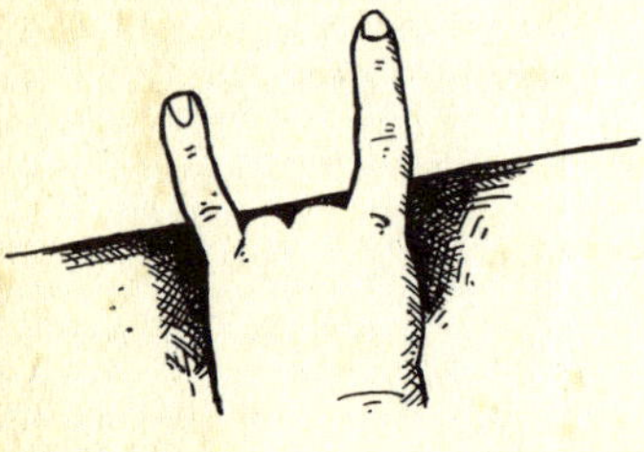

3. Dopo alcuni passaggi come questi, si giungerà nei pressi della porta avversaria, creata dall'avversario con la sua mano (vedi la figura).

4. Se non si fa gol e la moneta cade all'esterno, oppure se la moneta lanciata ne colpisce un'altra, il gioco è perso.

CAPITOLO 9

LA PESCA

I pescatori non sono affatto pazienti. L'attesa e la concentrazione necessarie possono rendere la pesca uno sport spossante. È per lo più un'attività solitaria: raramente incontrerai persone che pescano in gruppo ridendo e chiacchierando tra loro. I pescatori possono trascorrere l'intera giornata in silenzio. Ma non credere: anche quando non prendono nulla possono essere rilassati e gratificati.

Un semplice kit per il principiante consiste in una canna, un'esca, un galleggiante, un piombino e un amo: non costa più di una cinquantina di euro. È poi indispensabile procurarsi una licenza. Il negozio di pesca più vicino a te avrà tutto l'equipaggiamento necessario, ti saprà dire se ci sono delle aree per pescare liberamente nei paraggi e come fare a procurarti la licenza.

Qualsiasi canale o fiume d'acqua dolce di una certa dimensione andrà bene per iniziare. Le guardie forestali potrebbero chiederti di pagare una piccola quota per il diritto di pesca giornaliero. Se l'obiettivo della pesca sono i pesci pregiati come il salmone o la trota, dovrai sicuramente esibire anche la licenza. Tecnicamente la pesca non può essere considerata bracconaggio perché i pesci sono *ferae naturae*, cioè animali selvatici; ciò non toglie che, se pescherai senza avere i necessari permessi, potrai avere qualche grana.

Il metodo più classico è quello della pesca con galleggiante. Le larve di mosca vengono uncinate sull'amo e rimangono sospese sull'acqua grazie al galleggiante che sfiora la superficie. Infila l'amo vicino a una estremità della larva facendo attenzione a non danneggiarla troppo.

È probabile che sia necessario fissare qualche piombino sulla lenza in modo da mantenere il galleggiante in posizione verticale. Chiedi al negozio di pesca se non sai come si fa.

Lancia facendo molta attenzione, dato che uncinarsi un sopracciglio è un'esperienza veramente poco piacevole. Controlla che non ci siano rami o cavi sospesi a cui potrebbe impigliarsi la lenza. Il tuo mulinello dovrebbe avere due posizioni: una per il lancio e l'altra per recuperare l'amo. Lascialo libero e poi lancia contro corrente, osservando il galleggiante spostarsi lentamente seguendo il corso dell'acqua.

La prima volta che vedrai affondare il galleggiante sarà molto emozionante. Se non accade nulla per un po' di tempo, avvolgi la lenza lentamente e tenta di nuovo, cambiando la larva se non si muove più. Se è una bella giornata trovati un posto dove sederti e goditi la pace finché dura; presto arriverà un rompiscatole che chiederà: «Preso niente?».

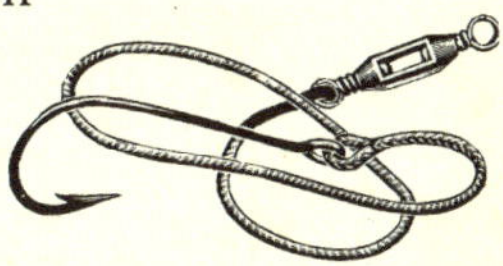

Un altro metodo classico è noto con il nome di *ledgering* e richiede un piombino più pesante che sia in grado di tenere l'amo sul fondo. Il pesce che ingoia l'esca non sente resistenza e ci casca: è un sistema che funziona bene soprattutto con le carpe.

La tecnica dipende dal pesce che intendi pescare. Il luccio e il pesce persico tendono ad attaccare pesciolini feriti o morenti e di conseguenza possono essere catturati usando uno spinner, cioè un'esca che sembra un pesce malconcio. Parecchi pescatori usano esche molto complesse che simulano il movimento di insetti sulla superficie dell'acqua. Come principiante, comunque, devi accontentarti di puntare a uno dei pesci che descriviamo a pagina seguente.

Rutilo

Rutilus rutilus È il pesce ideale per i principianti. Il rutilo mangia di tutto, in qualsiasi condizione, a tutte le profondità, in estate e in inverno. Si trova nei laghi, negli stagni, nei fiumi e nei canali di tutta l'Italia. Non è molto grosso: con uno di mezzo chilo puoi essere soddisfatto.

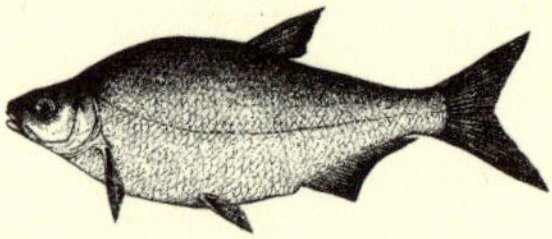

Cavedano

Leuciscus cephalus Si trova nei fiumi, sotto le rocce a strapiombo, sotto mucchi galleggianti di piante acquatiche o altri ripari.

È onnivoro e può essere tentato da qualsiasi esca. Pesa in media 2 kg.

Tinca

Tinca tinca Appartiene alla famiglia delle carpe. Le tinche hanno un colorito che passa dal verde oliva al marrone dorato. Per lo più vivono nelle acque profonde e quindi nei laghetti, negli stagni e vicino alle dighe. Il peso varia da 1 a 3-4 kg, ma per trovarle grandi così devi cercarle nelle acque più profonde, come i laghi da cui viene estratta la ghiaia.

Ci sono ottime probabilità che tu riesca a catturare pesciolini grandi come un dito: puoi usarli come esca per pesci come il luccio o il pesce persico. I pesciolini di cui parliamo sono:

Gobione

Gobio gobio Pochi conoscono il gobione con il suo vero nome. In Italia, infatti, ogni pescatore lo chiama a modo proprio: *ciassot* in Piemonte; *mussaren* in Lombardia; *temel* in Veneto; *veccio* in Trentino; *molinaret* in Emilia-Romagna. Amatissimo per la sua bocca larga e affamata di ami, è un pesce dalla forma allungata, con una gobbetta sul dorso e la testa grossa e appiattita. È lungo al massimo 12 cm e ha un solo paio di barbigli. Se prendi un pesce con molti più barbigli, si tratta in realtà di un barbo.

Spinarello

Gasterosteus aculeatus Lungo 5-8 cm, possiede un corpo ovale compresso lateralmente e tre spine libere sul dorso. Viene spesso preso con un retino dai bambini piccoli.

La famiglia dei salmoni (salmoni, trote e temoli) ha caratteristiche particolari. I pesci di solito hanno cinque pinne: ventrale, anale, dorsale, pettorale e caudale. I membri della famiglia dei salmoni ne hanno una in più, vicino alla coda, e conosciuta come pinna adiposa. I salmoni nascono dalle uova deposte nelle acque dolci e nuotano fino al mare, dove vivono da uno a tre anni. Quando sono vicini alla morte, ritornano per istinto nello stesso corso d'acqua in cui sono nati e lì si accoppiano e depongono le uova. Vengono pescati mentre nuotano controcorrente con un'esca che contiene un uncino.

Prendere un pesce è eccitante e la difficoltà principale non sta nel farne abboccare uno, quanto nel catturarlo senza rompere la lenza o farselo scappare sul più bello.

Se vuoi saperne di più leggi il romanzo

Il vecchio e il mare

di Ernest Hemingway

CAPITOLO 10

TIMER E CIRCUITI ELETTRICI A DISTANZA

I timer sono molto semplici da costruire e molto gratificanti. In pratica si tratta di utilizzare una vecchia sveglia per chiudere un circuito elettrico e far accendere una luce (o quello che vorrai). Puoi aver bisogno di una luce che si accende dopo venti minuti per vincere una scommessa oppure per spaventare la tua sorellina con la storia del pazzo assassino con l'ascia insanguinata nascosto in cima alle scale.

Cosa ti serve

- **Una vecchia sveglia**
- **Lampadina**
- **2 pezzi di cavo elettrico isolato, spellati all'estremità**
- **Nastro adesivo**
- **Batteria elettrica**

Per prima cosa rimuovi il vetro della sveglia. Copri tre-quarti delle lancette con il nastro adesivo in modo che quando si sovrappongono si tocchino solo le parti scoperte. A questo punto avrai capito che il circuito che stiamo costruendo aspetterà che la lancetta dei minuti raggiunga quella delle ore per far passare la corrente.

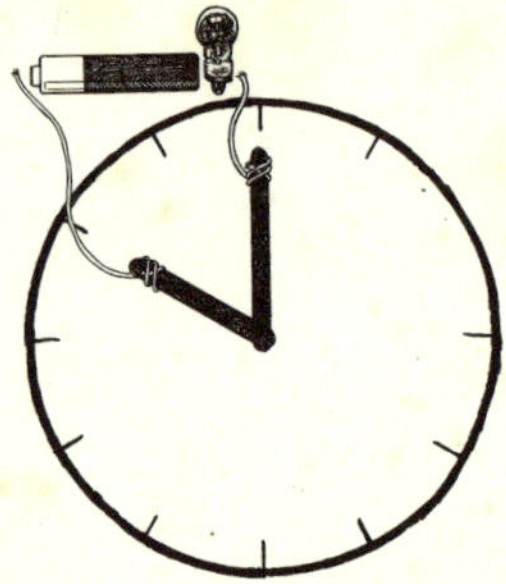

Collega uno dei fili al polo positivo della batteria. Collega col nastro adesivo la lampadina al polo negativo e un capo dell'altro filo al polo libero della lampadina. Fissa i fili rispettivamente sulla lancetta dei minuti e su quella delle ore. Controlla che la lampadina si illumini facendo toccare le due lancette tra loro: si dovrebbe accendere non appena si sfiorano.

Ricordati che la lancetta delle ore si muove un poco mentre passa il tempo: vale la pena controllare quanto ci impiega a illuminare la lampadina dopo aver regolato la lancetta dei minuti, se hai bisogno di un timer rapido, per esempio di quindici minuti. Pronto? Nascondi la luce in cima alle scale e chiama la tua sorellina!

Circuiti elettrici a distanza

Cosa ti serve

- **Molletta per il bucato**
- **Tappo di sughero**
- **Carta stagnola**
- **Lenza o spago**
- **Batteria elettrica, lampadina, cavo elettrico isolato (puoi usare gli stessi di prima)**
- **Nastro adesivo**

È un progetto simile a quello precedente, poiché userai un circuito a batteria per accendere una lampadina quando si chiude un interruttore, in questo caso un dispositivo di attivazione nascosto. Con un cavo elettrico abbastanza lungo si potrà far accendere la lampadina a una certa distanza dall'attivatore e per un tempo prolungato.

Avvolgi le ganasce della molletta nella carta stagnola. Collega i cavi con il nastro adesivo alla stagnola portandoli alla batteria e alla lampadina esattamente come se al posto della molletta ci fosse l'orologio della costruzione precedente.

Per tenere aperta la molletta infilaci il tappo di sughero (vedi disegno). Lega il tappo a un filo robusto: se quando lo tiri si strappa, la molletta non si chiuderà e la lampadina non si accenderà. La lenza è perfetta per questo impiego perché è robusta e quasi invisibile. Solo il tappo deve muoversi, quindi è importante anche tenere ferma in qualche modo la molletta.

Quando tiri via il tappo, le due ganasce della molletta si chiudono, facendo entrare in contatto la carta stagnola che chiude il circuito e fa giungere l'elettricità alla lampadina.

Allarme! Arrivano!

Piano a pressione

Un modo per segnalare un intruso senza che se ne accorga è quello di utilizzare un piano a pressione. Anche in questo caso accenderai una lampadina con la batteria. Questa volta, però, i fili vanno collegati a due fogli di cartone ricoperti di carta stagnola e tenuti separati da qualche pezzo di schiuma sintetica, come quella che si trova nei tappetini per bambini, oppure una comune spugna da bagno.

Collega i rettangoli di carta stagnola ai fili del solito circuito lampadina-batteria. Con una piccola pressione il cartone si flette permettendo alla carta stagnola di fare contatto. A questo punto il circuito è chiuso e la lampadina si accenderà. Naturalmente puoi sostituire la lampadina con un clacson, un lampeggiante o qualunque cosa ti verrà in mente.

Nascondi il piano a pressione sotto il tappeto e aspetta!

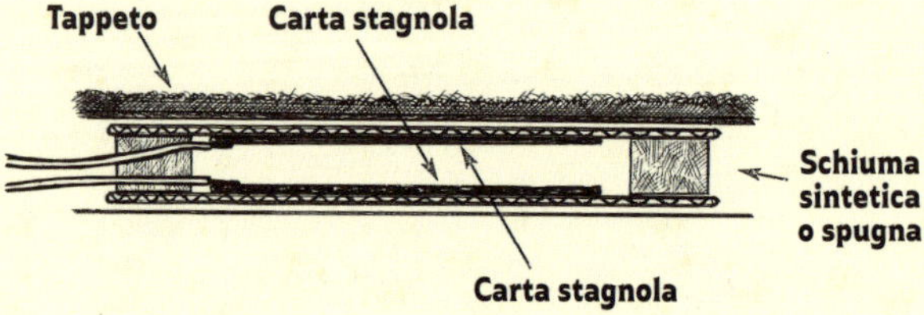

CAPITOLO 11

COSTRUIRE UN GO-CART

Se vuoi costruire un go-cart che si rispetti devi per prima cosa trovare delle buone ruote. E non pensare che sia una cosa semplice! La vecchia abitudine di smontarle dalle carrozzine è ormai impraticabile: quelle moderne hanno delle ruote troppo piccole e non crediamo che staccarle da quella del bisnonno sarebbe una grande idea...

Cosa ti serve

- 2 assali fissi con le ruote attaccate
- Una tavola su cui sederti. Per il nostro ne abbiamo scelta una di pino spessa 2 cm
- 2 tavole lunghe quanto gli assali che hai trovato: noi ne abbiamo usate 2 da 9x4 cm
- Una cordicella per sterzare
- 2 viti a occhiello a cui legare la cordicella
- 4 graffette metalliche da elettricista
- Vernice per legno del colore che preferisci
- Viti da legno lunghe 4 cm
- Stoffa e gommapiuma per il sedile
- Un bullone con dado e rondelle per lo sterzo
- Chiodi da tappezziere per il sedile

Realizzazione

Per cominciare tagliamo il legno. La cosa più importante è che le tavole si adattino bene agli assali che hai trovato. Misura con attenzione, perché puoi tagliare una volta sola! Il nostro progetto prevede di creare un corpo centrale lungo 120 cm, ma ti consigliamo di variare questo valore in base alla lunghezza delle tue gambe. E se pensi che userai il go-cart per parecchio tempo, lascia qualche centimetro in più per quando sarai più alto. Per tagliare il legno chiedi aiuto a un adulto, perché bisogna utilizzare utensili pericolosi che richiedono un po' di esperienza. Se invece preferisci fare da solo e ti tagli l'indice, non spedirlo a noi chiedendoci di riattaccarlo.

Per fortuna nelle oasi ecologiche comunali o nelle discariche pubbliche è possibile recuperare ottimo materiale per costruzioni di questo tipo, basta frugare un po': non puoi immaginare quanti oggetti ancora in ottimo stato gettino via le persone. Perciò perché non riutilizzarli? La ricerca spesso richiede tempo; noi abbiamo impiegato diverse settimane prima di trovare degli assali adatti, quindi ti consigliamo di procedere con calma e magari di fare amicizia con qualche operatore ecologico della zona dove abiti. Abbiamo ricavato il nostro assale posteriore da un trolley da golf e quello anteriore da una carrozzina a tre ruote. Altrimenti puoi smontare quello di qualche vecchio triciclo del quale potresti prendere anche le ruote. In generale vanno bene tutti gli assi intorno a cui girino liberamente le ruote. Se riesci a trovarle, utilizza ruote metalliche invece di quelle di plastica, che non sono abbastanza robuste. È meglio evitare che se ne frantumi una mentre stai correndo in discesa!

Questo è il momento giusto di verniciare o laccare le parti in legno. Noi ce ne siamo dimenticati e abbiamo verniciato tutto all'ultimo momento ottenendo un pessimo risultato: meglio farlo ora. Abbiamo usato una base per il legno su cui abbiamo steso uno strato di vernice nera opaca, il nostro colore preferito. Alla fine abbiamo steso anche uno strato di coprente, contenuto in un vecchio barattolo di latta, ritrovato per caso in garage.

Non appena è tutto asciutto bisogna fissare gli assali. Venti anni fa, per costruire il nostro primo go-cart, usammo dei robusti chiodi a U che fecero egregiamente il loro lavoro: oggi, a causa del maggiore spessore degli assali, abbiamo dovuto cercare un'alternativa, come spesso capita quando si recuperano i pezzi in giro.

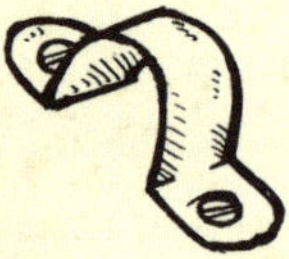

La soluzione che ci è parsa migliore è stata quella di impiegare graffette metalliche per elettricisti. Ne esistono di diverse misure e sono rintracciabili facilmente e a poco prezzo nei negozi di materiale elettrico.

Per l'assale anteriore ne abbiamo dovute usare tre invece delle due pianificate, perché una delle viti sembrava fissata male e non volevamo rischiare.

L'assale e la tavola su cui poi va fissato devono essere per-

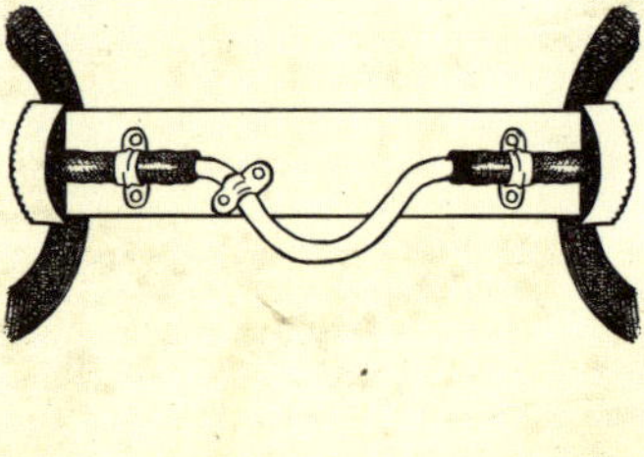

fettamente paralleli, perciò misura la distanza tra la graffetta e il bordo del legno, per essere sicuro di averli posizionati bene. È un'operazione semplice e veloce, decisamente più affidabile della stima "a occhio".

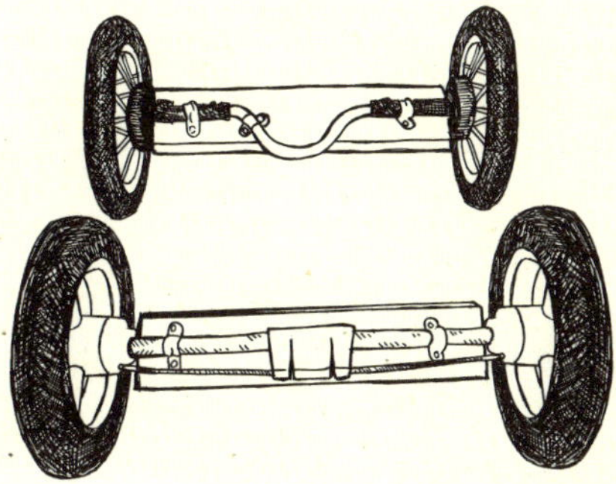

Assicura il retrotreno al corpo centrale del veicolo con le viti da 4 cm, disponendole come nella figura di pag. 56 in alto. Sembra una cosa banale, ma devi prestare la massima attenzione all'angolo con cui fissi le due tavole: se non sarà di 90° (angolo retto) il tuo go-cart non riuscirà mai ad andare dritto. Quindi devi sistemare la tavola lunga nel centro esatto di quella corta. Misura bene o dovrai rifare il lavoro! Noi abbiamo fermato i pezzi con due viti piuttosto lente e poi abbiamo fatto piccoli aggiustamenti con l'aiuto di un martello di gomma.

Una volta raggiunto il risultato voluto, abbiamo stretto le viti.

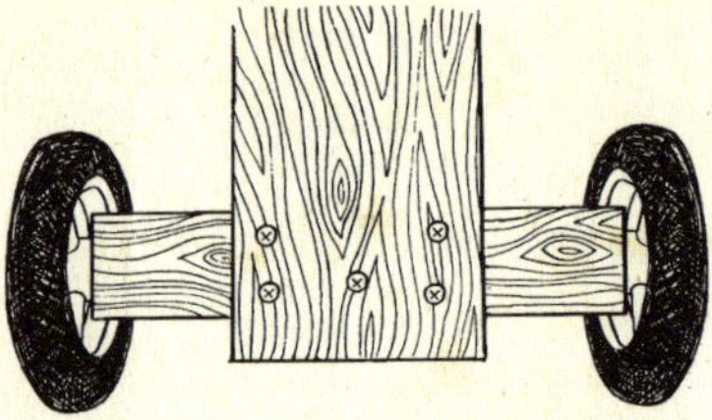

Siamo arrivati all'ultima fase del lavoro: lo sterzo. Abbiamo avuto la fortuna di trovare il pezzo perfetto: il perno della ruota anteriore della carrozzina, filettato alle estremità e con tanto di dadi e rondelle. In mancanza di un pezzo come questo, andrà benissimo anche un semplice bullone filettato solo in punta.

Il vantaggio di un bullone filettato solo in parte è che puoi stringere il dado senza bloccare lo sterzo, che sarà libero di ruotare. In ferramenta non dimenticarti di comprare anche delle rondelle, per evitare che il bullone scavi nel legno fino a spaccarlo!

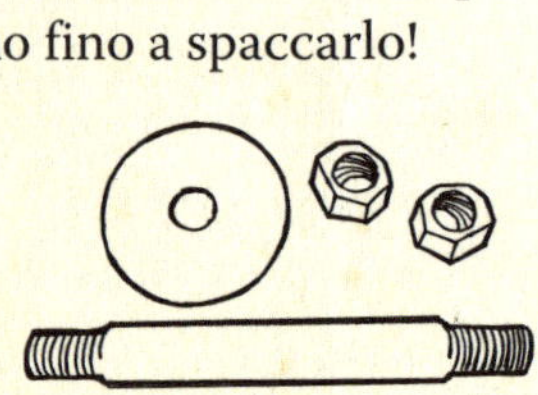

Perno filettato preso dalla carrozzina a tre ruote

Probabilmente troverai qualcosa del genere

Fissare l'avantreno per fortuna è più semplice. In questo caso l'angolo non è importante perché la tavola rimane flottante, mentre è indispensabile che il foro sia fatto esattamente al centro, per evitare difficoltà nello sterzo o la tendenza a girare da una parte. Per come è costruito il go-cart potrai aiutarti nella sterzata usando anche i piedi, appoggiati a questa tavola.

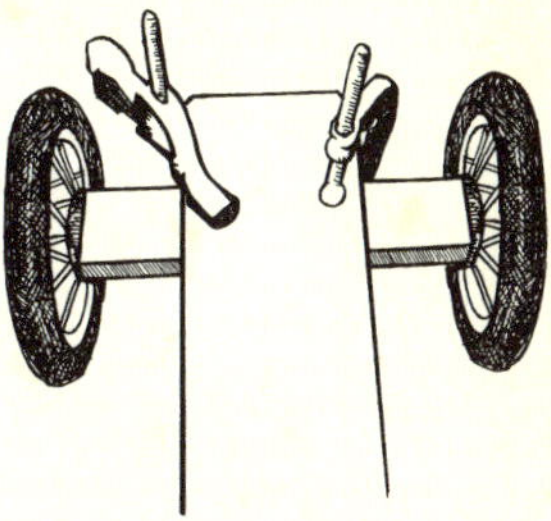

Sul nostro mezzo abbiamo realizzato anche un fantastico sedile. Ci siamo procurati da un tappezziere alcuni scampoli di PVC e un vecchio tappetino – ma va benissimo anche la gommapiuma – e abbiamo fissato tutto quanto con dei chiodi sulla tavoletta di pino. È importante tagliare il PVC un po' più grande della tavoletta, in modo che possa avvolgerla appena oltre il bordo. Mantenendo teso il foglio sotto la tavoletta, pianta i chiodi da tappezziere e... voilà! Infine, la corda va fermata sugli occhielli con una gassa d'amante (vedi a pag. 12).

CAPITOLO 12

PRONTO SOCCORSO

Prima o poi ti farai male. Capita. Ma non puoi trascorrere la vita preoccupandotene o non combinerai mai niente. C'è però un modo per ridurre i rischi: imparare le basi del pronto soccorso. Quando qualcuno si fa male, c'è sempre bisogno di qualcun altro che non si lasci prendere dal panico, che non svenga alla vista del sangue e che sappia come intervenire. Potrebbe fare la differenza tra la vita e la morte.

Queste le priorità

1. Controllare respirazione e battito cardiaco
2. Fermare le emorragie
3. Bendare le ferite
4. Steccare le fratture
5. Trattare il collasso

Quando si ha a che fare con più persone ferite bisogna decidere chi soccorrere per primo. Quello che grida è sicuramente cosciente e, quindi, meno in pericolo di chi resta immobile e silenzioso.

Ricordati che il sangue può essere veicolo di microbi o malattie infettive (come l'AIDS). Cerca di indossare i guanti o avvolgi le mani con sacchetti di plastica. Comunque evita di toccarti la bocca o il viso con le mani insanguinate e lavale bene non appena possibile. È un consiglio che viene spesso ignorato nelle situazioni di pericolo, ma che potrebbe salvarti la vita.

Quando ti avvicini a una persona ferita assicurati che qualsiasi cosa l'abbia colpita non possa colpire anche te, per esempio pietre o automobili. Se c'è un pericolo immediato sposta il ferito prima di curarlo, anche se una delle regole base è: muovilo il meno possibile. Se c'è il rischio di essere raggiunti dalla corrente elettrica, rimani in piedi su materiale isolante e asciutto e usa un bastone di legno per allontanare il ferito dalla fonte elettrica.

Se proprio devi spostare qualcuno, afferralo per le ascelle e trascinalo da dietro.

Il paziente respira?

Se chi sta male respira, giralo su un fianco e piegagli le gambe. È la cosiddetta "posizione di sicurezza": ha lo scopo di permettere l'espulsione di sangue o vomito ed evitare che il paziente soffochi.

Se la respirazione è debole, inseriscigli un dito in bocca per rimuovere eventuali ostruzioni dalla gola. Controlla che non abbia ingoiato la lingua e, se l'ha fatto, rimettila al suo posto (con delicatezza!).

Se la respirazione è impedita da qualche ostacolo, metti il paziente a pancia in su e, premendo le mani sopra l'ombelico, spingi in alto, verso la cassa toracica. Se questo non basta, sollevalo e cerca di metterlo in piedi, abbraccialo da dietro intrecciando le mani sul suo petto e stringendo più che puoi. Si chiama "manovra Heimlich".

Se dopo aver rimosso l'ostruzione continua a non respirare devi praticare la respirazione artificiale.

Il cuore batte?

Tasta il suo polso premendo con le dita. Oppure senti i battiti sul collo, appoggiando le dita tra la mascella e la trachea.

Le pulsazioni medie per un adulto rilassato sono comprese tra i 60 e gli 80 battiti al minuto, mentre per un bambino sono normali 90-140 battiti al minuto. In una situazione di stress elevato le pulsazioni possono arrivare anche a 240, un livello pericolosamente vicino al collasso cardiaco. Usa l'orologio per contare i battiti compresi in 15 secondi e poi moltiplicali per quattro.

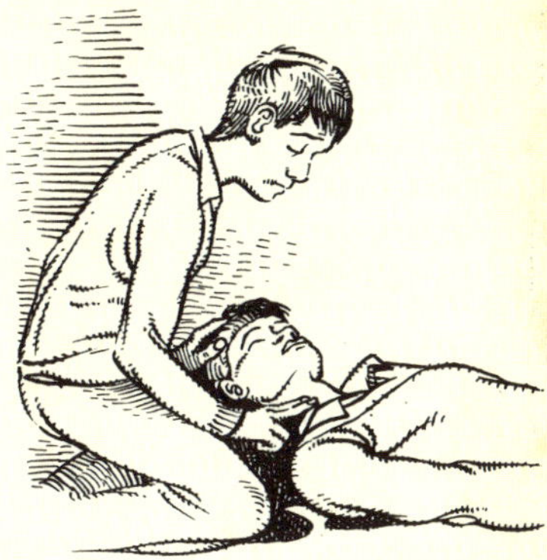

Se non riesci a rilevare pulsazioni e le pupille del paziente sono estremamente dilatate inizia subito il massaggio cardiaco.

Respirazione artificiale

I primi 5 minuti sono i più importanti, ma è possibile che tu debba praticarla anche per un'ora, se non arrivano i soccorsi. È un massaggio molto faticoso quindi fai a turno con altri soccorritori.

Il bacio della vita

1. Stendi il paziente supino.
2. Sollevagli leggermente la testa, come se volesse guardare verso l'alto.
3. Tienigli la mascella aperta e le narici chiuse.
4. Controlla con un dito che le vie respiratorie non siano occluse.
5. Premi la tua bocca contro quella del paziente e soffia con decisione. Per riempire i polmoni di un'altra persona ci vuole molta energia.
6. Guarda il petto che si gonfia e poi staccati; soffia per 5 o 6 volte in successione, dopodiché soffia 1 volta ogni 5 secondi. Dopo 10 o 12 soffiate, inizia a fargli il massaggio cardiaco.

I più piccoli richiedono delicatezza: se un bimbo smette di respirare, devi sostenerlo con l'avambraccio ponendogli la faccia verso il basso. Questa pressione è sufficiente in molti casi a farlo riprendere, ma se ce ne fosse bisogno, puoi premere 3 o 4 volte tra le sue scapole usando l'area carpale, cioè la parte del palmo più vicina al polso. Se ancora non basta, gira il bambino a faccia in su e usa due dita per premere sullo sterno a intervalli di 4 colpi per volta. L'ultimo tentativo che puoi fare è quello di coprire sia il naso che la bocca con la tua bocca e soffiare per riempire i suoi polmoni.

La respirazione artificiale si può praticare anche a un animale, come un cane, tenendo il muso serrato con entrambe le mani e soffiando nel naso per riempirgli i polmoni. Solo i veri amanti degli animali se la sentono; in ogni caso, non dimenticarti di lavarti bene la bocca dopo.

Massaggio cardiaco

1. Prova a sferrare un pugno con decisione sullo sterno del paziente e controlla se il suo cuore è ripartito. A volte funziona. Ma attento, se il pugno è troppo forte, rischi di rompergli una costola.
2. Altrimenti, appoggia l'area carpale della tua mano sullo sterno.
3. Con le braccia tese spingi verso il basso cercando di affondare circa 4 cm.
4. Spingi 4 o 5 volte tra una respirazione e l'altra, contando a voce alta.

NON praticare MAI il massaggio cardiaco se il cuore funziona, anche se è molto debole, perché potresti fermarlo. Controlla se c'è battito dopo il primo minuto e a intervalli successivi di 3 minuti. Non arrenderti.

Appena rilevi un battito, sospendi il massaggio cardiaco e continua con la respirazione bocca a bocca finché il paziente non è in grado di respirare da solo. A questo punto riportalo alla posizione di sicurezza.

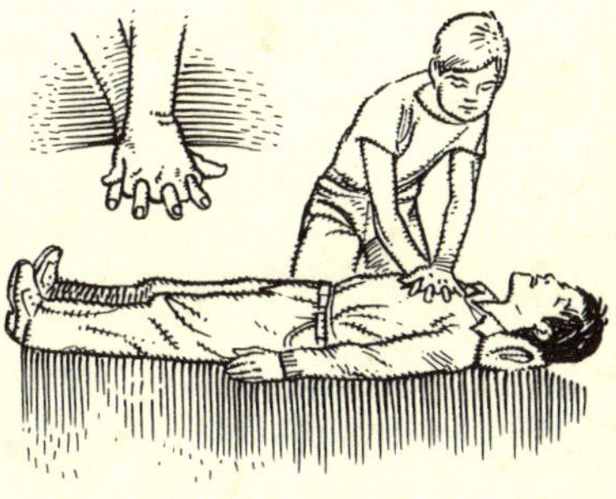

Emorragie e ferite

Se qualcosa è incastrato nella ferita (come schegge di vetro o metallo), arrotola un pezzo di stoffa, una sciarpa o una maglietta per creare un cuscinetto e appoggialo intorno alla ferita prima di bendarla. In questo modo impedirai che la pressione diretta possa spingere più in profondità il corpo estraneo.

In presenza di un'emorragia, bisogna agire immediatamente, soprattutto se è di origine arteriosa (lo capisci se il sangue esce a zampillo). In un adulto ci sono circa 5 litri di sangue. Anche solo perdendone 1 litro (ma per alcuni anche solo mezzo), si sviene.

Comprimi la parte lesa per 5-10 minuti e non perdere tempo a controllare come va. Nel frattempo parla al paziente, per costringerlo a rimanere sveglio e vigile. Se non hai bende con te, usa una maglietta o qualcosa del genere come tampone. Cerca di avvicinare tra loro i lembi della ferita prima di comprimerli con il tampone.

Applica un laccio emostatico solo se il paziente sta sanguinando tantissimo e rischia di morire. Lo puoi fare legando una cintura o una corda in prossimità della ferita (ma sempre tra la ferita e il cuore) stringendo finché il flusso sanguigno non rallenta. Non puoi bloccare il sangue per più di qualche minuto perché potresti causare danni, per cui allenta il laccio a intervalli regolari. Se invece la ferita è di origine arteriosa, è opportuno mantenere l'emostasi e portare l'infortunato dal medico al più presto.

Se non hai nulla di adatto da usare come laccio, applica una pressione sull'arteria principale a monte della ferita. Le arterie principali si trovano: a lato della mascella o del polso, all'interno delle braccia (tra la spalla e il gomito), nella parte interna del gomito, vicino alla clavicola, sulle tempie, nell'inguine, dietro le ginocchia e davanti alle caviglie. Trova il punto più vicino alla ferita e comprimilo contro l'osso. Puoi allenarti cercando questi punti sul tuo corpo e prepararti nell'eventualità di un'urgenza.

Il sapone è un modesto antisettico, ovvero combatte le infezioni, e può essere usato per lavare una ferita.

Le emorragie interne possono essere individuate osservando se la pelle è fredda e sudata, se le pulsazioni sono rapide e se, dopo una compressione, si forma rapidamente un livido. In questi casi l'infortunato va mantenuto con le gambe sollevate e ben al caldo. Ricordati di tenerlo sempre sotto controllo per verificare che la situazione non muti.

Fratture

In caso di frattura è sempre consigliabile, e a volte obbligatorio, steccare l'arto prima di spostare il paziente. Basta appoggiare 2 pezzi di legno intorno all'area danneggiata e legarli tra loro con una cintura o una corda, stando attenti a non comprimere eventuali lacerazioni.

La zampa posteriore di un cane può essere bloccata usando un giornale arrotolato e un laccio da scarpe.

Un braccio rotto va appeso al collo: bisogna usare, se possibile, un telo piegato a triangolo legato dietro al collo. Può andare bene anche il telo arrotolato ad anello, ma è preferibile che il braccio abbia una base più ampia a cui appoggiarsi.

Ustioni

Le ustioni distruggono la pelle e aumentano il rischio di infezioni. Immergi la parte ustionata in acqua fredda: ciò impedisce l'insorgenza dell'edema e allevia il dolore.

Evita di rompere eventuali vesciche e dai al paziente abbondante acqua da bere. Togli tutto quello che è a contatto con la parte ustionata, come vestiti, orologi, gioielli ecc. Non applicare unguenti sulla pelle, ma coprila con un bendaggio non stretto o, in alternativa, con una borsa di plastica. Se a essere ustionata è la mano, avvolgi singolarmente le dita con le bende per impedire che si attacchino tra loro.

Collassi

Un collasso può avere molte cause e, nei casi più estremi, essere letale. I sintomi sono perdita di colore dalle labbra, stordimento, vomito, sensazione di freddo e pelle viscida accompagnati da rapide pulsazioni.

Rassicura il paziente e continua a parlargli; se ti risponde chiedigli il nome e usalo di frequente per rivolgerti a lui. Mantienilo caldo e monitorizza la respirazione e le pulsazioni. Fallo sdraiare e sollevagli le gambe. Rimani pronto a praticare la respirazione bocca a bocca e il massaggio cardiaco qualora dovesse essere necessario.

Il tè caldo molto zuccherato è una bevanda idonea per alleviare il sintomo del collasso, purché il paziente sia cosciente.

Kit di pronto soccorso

Andrebbe preparato considerando l'ambito in cui può essere usato: il kit casalingo deve poter curare certi problemi mentre quello da tenere in auto è necessariamente diverso. Entrambi dovrebbero comunque contenere:

- Cerotti e forbici. I cerotti in tessuto sono i migliori e possono essere tagliati per fare assumere loro qualsiasi forma.
- Crema e liquido antisettico
- Ago e filo. Suturare le ferite è molto doloroso ed è meglio farlo quando il paziente non è cosciente. I cani potrebbero sopportare la tortura, ma... attenzione ai morsi!
- Antidolorifici e antinfiammatori. Verifica che non abbiano controindicazioni (per esempio che possano essere assunti anche dagli asmatici). L'Aspirina è utile anche in caso di attacco di cuore o ictus, perché rende più liquido il sangue. Il paracetamolo allenta il dolore e interviene in caso di febbre abbassando la temperatura. L'olio dei chiodi di garofano va applicato sulle gengive in caso di mal di denti.
- Collirio antisettico. Le lacrime artificiali, per esempio, agiscono contro irritazioni e infezioni e funzionano anche sugli animali.
- Bende, compresa quella da usare per legare il braccio al collo.
- Retina elastica e cotone idrofilo
- Burro di cacao in stick per le labbra
- Latte solare ad alto livello di protezione

- Pinzette e spille da balia
- Un paio di guanti in lattice
- Pillole antistaminiche per combattere le reazioni allergiche e le punture di insetti

Se ti allontani dalla civiltà, semplicemente camminando in montagna, avrai bisogno anche di qualche antibiotico antinfezioni che ti potrà consigliare (ed eventualmente prescrivere) il tuo medico curante. Per esempio l'Amoxicillina è un antibiotico generico, perfetto per questo tipo di necessità.

Devi restare calmo per trasmettere calma. Agisci lucidamente, fermati un istante, fai un profondo respiro e prendi il kit per il pronto soccorso. Ricordati che la respirazione e l'attività cardiaca, con le emorragie, sono le cose più importanti da tenere sotto controllo.

Cerca sempre di avere con te un cellulare per comunicare in caso di emergenza; sii preciso e metodico anche quando chiedi aiuto. L'allarmismo crea solo confusione.

I capitani migliori sono quelli che curano i loro uomini.

Nausea

La nausea scatenata da cause esterne quali mal d'auto, mal di mare o simili può essere lenita premendo un punto particolare sul polso. Lo troverai facilmente osservando il disegno qui a lato. Tenere premute le dita per qualche minuto nella posizione evidenziata nel disegno dal punto nero all'altezza della giuntura dell'indice, può alleviare la nausea. Non funziona sempre, ma vale la pena tentare.

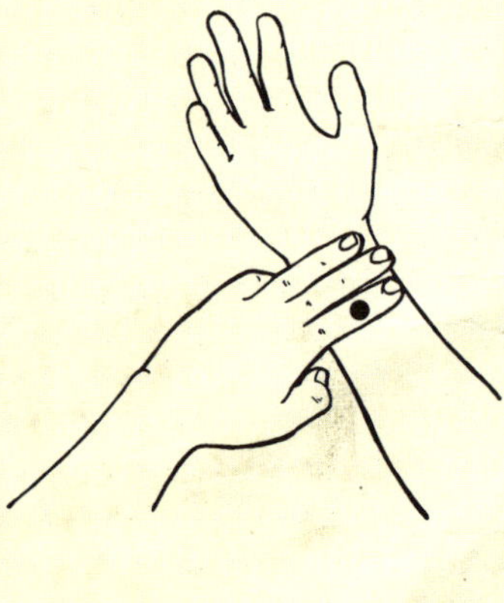

CAPITOLO 13

QUATTRO GIOCHI CON CARTA E MATITA

1. L'impiccato È un classico. Pensa una parola e scrivi un trattino per ogni lettera di cui è composta. Per esempio "automobile" è composta da 10 lettere e diventerà quindi "_ _ _ _ _ _ _ _ _ _". Gli altri giocatori devono dire una lettera per volta. Se la lettera è presente nella parola, devi trascriverla sopra i trattini. Se un giocatore chiede la O, ad esempio, dovrai trascriverle entrambe. Se invece la lettera non c'è, devi tracciare una linea

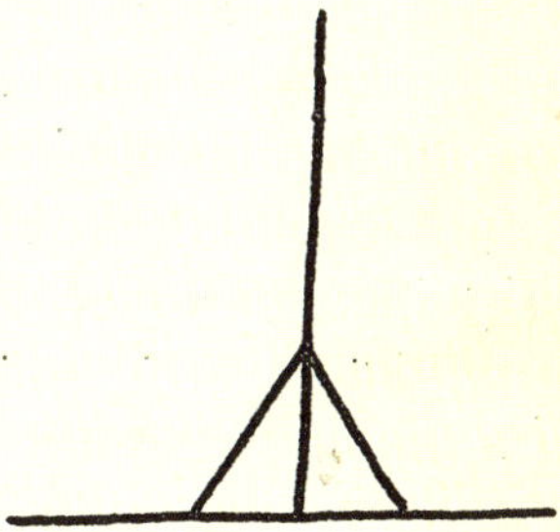

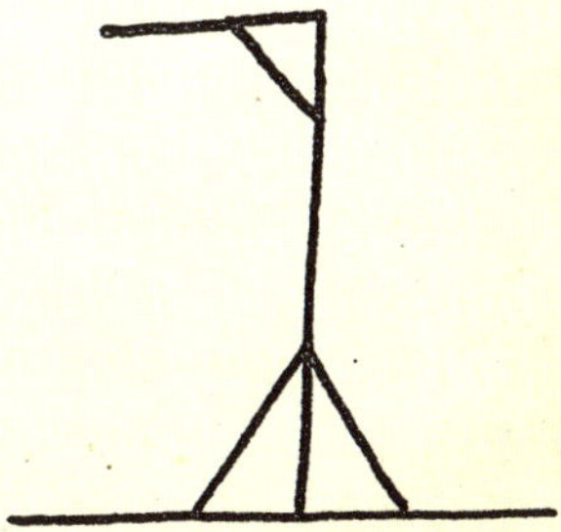

che comporrà il disegno di un uomo impiccato. Anche i tentativi sbagliati di indovinare la parola fanno tracciare una linea.

Se il disegno dell'uomo sul patibolo viene completato prima di indovinare, vince il giocatore che ha pensato la parola, e ci si scambia. Per rendere più difficile il gioco, si può decidere di tracciare meno linee che compongono l'impiccato, o pensare parole molto difficili, come "staffilococco" o "aracnofobia".

2. Houses È un rompicapo senza soluzione. Disegna tre "centrali" su un foglio e chiamale rispettivamente: E (Elettricità), G (Gas), A (Acqua). Poi disegna tre "case" e numerale da 1 a 3. Lo scopo del gioco è quello di collegare ogni casa a tutte e tre le centrali, tracciando sul foglio il percorso

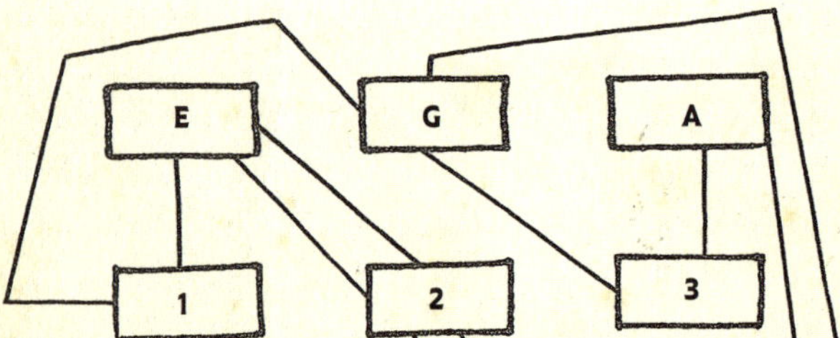

dei condotti di alimentazione. Le linee non possono incrociarsi né passare attraverso una casa o una centrale.

Prova a distribuire centrali e case a piacimento: non c'è nessuna soluzione possibile, tranne quella di fare un buco nel foglio e alimentare una casa tramite quello. Ma è chiaramente... una truffa!

3. Quadratini È un gioco per due giocatori, con regole semplici, ma altamente strategico. Prepara una griglia di puntini 9x9 o 10x10. Nel suo turno ciascun giocatore deve unire due puntini tracciando una linea in una delle direzioni ortogonali (quindi non sono ammesse le diagonali). Lo scopo è riuscire a chiudere uno o più quadratini. Per ogni quadratino completato si ottiene una mossa extra. All'inizio il gioco sarà lento, perché nessuno riuscirà a fare quadratini. Ma a un certo punto partiranno intere catene di spazi chiusi che porteranno al completamento del tabellone. Ogni volta che un giocatore chiude un quadratino deve indicarlo con un simbolo particolare: quando il tabellone è completo, chi ha chiuso più quadratini vince.

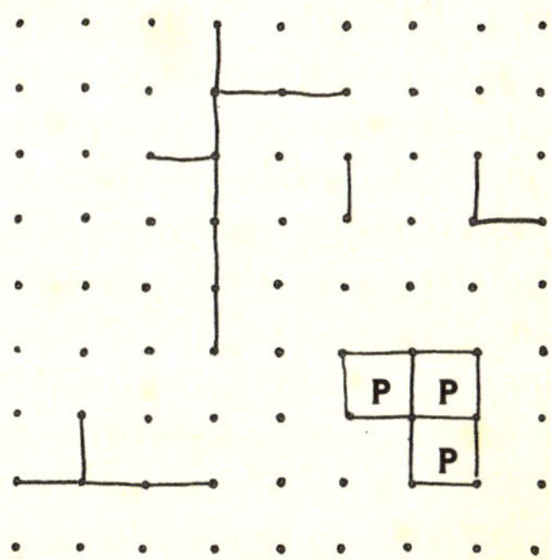

4. Battaglia navale Il classico dei classici. Prepara 4 reticoli 10x10 e metti un numero crescente sulle caselle verticali (1-10) e una lettera in ordine alfabetico sulle caselle orizzontali (A-L). Se desideri allungare le partite puoi aumentare la dimensione delle griglie. Ogni giocatore usa 2 reticoli; sul primo deve disegnare la posizione delle proprie navi e sul secondo prenderà nota degli esiti del bombardamento alle navi nemiche. Le proprie navi vanno disegnate all'inizio della partita: una portaerei da 5 caselle, una nave da guerra da 4, due cacciatorpediniere da 3, un sottomarino da 2 e un incrociatore da 2. Si può modificare liberamente la flotta (alcune varianti prevedono anche un salvagente grande una sola casella!) purché entrambi i giocatori siano d'accordo e le flotte siano uguali.

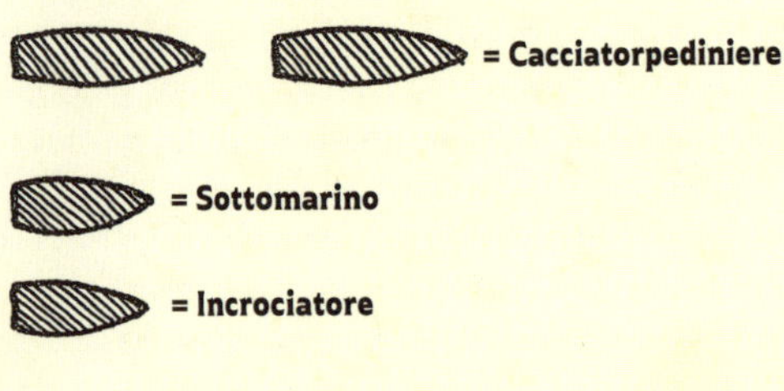

A questo punto a turno ogni giocatore dichiara la coordinata (C5, F8 ecc.) in cui spara un missile: chi difende deve verificare se il colpo è andato a vuoto o meno e dichiararlo. Lo scopo è quello di affondare tutte le navi avversarie prima di perdere la propria flotta.

Esistono migliaia di varianti: in una si usano le parole invece delle navi. Ogni parola "affondata" vale 5 punti, ma se un giocatore la indovina prima di aver colpito ogni casella ne guadagna 10. In un'altra, invece di numerare i quadretti, si numerano le linee e si posizionano le navi alle intersezioni dei quadretti. A ogni colpo sparato, l'avversario deve dire se, su quella stessa riga, si trovano una o più navi.

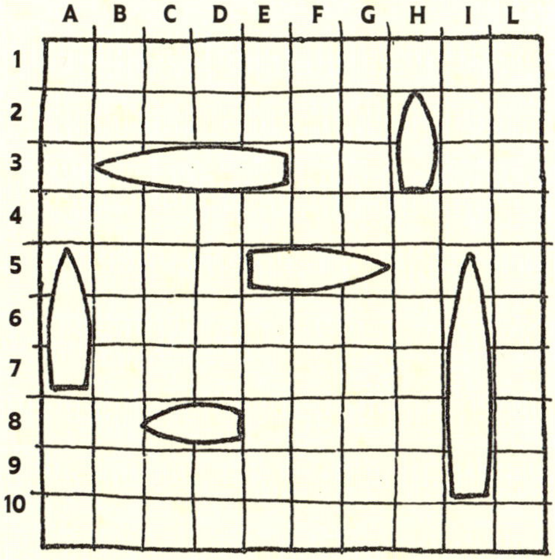

CAPITOLO 14

COSTRUIRE UN ELETTROMAGNETE

Un elettromagnete non è altro che una bobina di rame attraversata da un flusso di corrente. È lo stesso sistema grazie al quale dallo sfasciacarrozze vengono sollevate le auto per essere gettate nella pressa. Nel nostro caso siamo riusciti a sollevare qualche vite.

Hai bisogno di un metro o due di filo di rame isolato e un cilindro di metallo intorno al quale arrotolarlo. Va bene un grosso chiodo o un pezzo di filo di ferro. Hai anche bisogno di una batteria e, per comodità, di un portabatteria in plastica come quello della figura (lo puoi trovare nei negozi di elettronica o di modellismo). Se non riesci a procurartelo, puoi usare il solito nastro adesivo che blocca il cavo sui poli della batteria, ma questa è una soluzione moooolto meno elegante e affidabile.

Procedimento

1. Isola il perno metallico con il nastro adesivo. Funziona anche senza, ma c'è il rischio che si surriscaldino i morsetti della batteria.
2. Avvolgi il filo di rame intorno al perno, lasciandone due lembi più lunghi per agganciarli alla batteria. Maggiori saranno le spire e più potente sarà l'elettromagnete. Quello che abbiamo costruito noi ha due strati di spirale: l'abbiamo avvolto prima in un senso e poi siamo tornati indietro. Ogni strato va isolato con il nastro adesivo.
3. Aggiungi un interruttore. Noi abbiamo usato due viti collegate (vedi la figura). Se non si chiude il circuito e si permette alla corrente di scorrere liberamente, il magnete non funzionerà.

Il magnete è pronto! Sperimentalo subito sulle graffette: dovrebbero essere attratte dalla punta metallica del cilindro. In teoria, se hai abbastanza filo a disposizione o batterie più potenti (come quelle da automobile), il magnete potrebbe diventare molto più forte e aiutarti a recuperare pezzi metallici caduti per terra… o le posate dal cassetto della cucina!

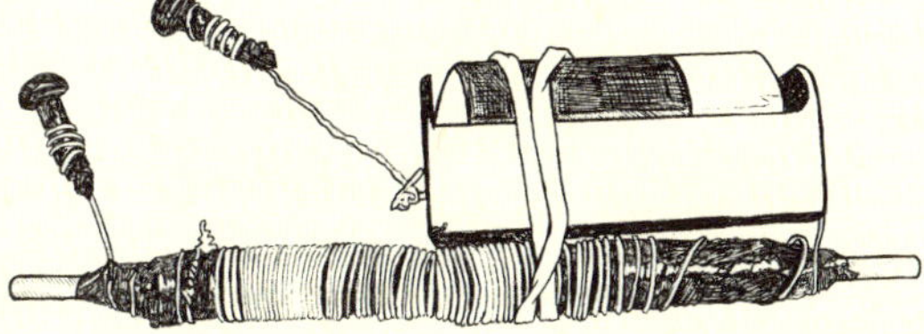

CAPITOLO 15

LA MANUTENZIONE DELLA BICI

Una buona bici è una bici pulita. Curarla personalmente è molto importante, perché ti permette di conoscerla bene e rispettare quello che secondo noi è ancora il miglior mezzo di trasporto esistente. Più la controlli, più eviti brutte sorprese o rotture improvvise.

Cosa serve per pulire la catena e il cambio

- Tanica di plastica
- Un po' di benzina o di gasolio
- Vecchi fogli di giornale e un panno
- Pennello a setole dure

Pulizia

Pulire il telaio della bici non è difficile. Usa una spugna non ruvida e un secchio d'acqua con un po' di detersivo. Il fango viene via meglio a secco, con un pennello e un panno di stoffa, da strofinare fino a farla di nuovo scintillare. I perfezionisti tirano a nuovo il telaio con una pelle di daino, che lo rende lucente. Puoi procurarti una pelle di daino in qualsiasi distributore di benzina o negozio di ferramenta. È probabile che tuo padre ne tenga una nel cruscotto della sua automobile: prova a chiederglela.

Alcune persone usano il compressore ad aria, magari collegato a una pompetta d'acqua. È un metodo molto rapido, ma rischia di grattare via anche la vernice del telaio.

Capovolgi la bici sui fogli di giornale distesi, poi taglia in due parti la tanica di plastica e disponila sotto e intorno alla catena, come per proteggerla. In questo modo, usando il pennello per pulire tutto il cambio, eviterai di sparpagliare ovunque rimasugli di sporcizia. In commercio ci sono degli attrezzi appositi, che si chiamano lavacatene, ma probabilmente in questo modo puoi risparmiare qualche euro. Intingi il pennello nella benzina (o gasolio) e comincia a pulire tutto per bene. Una volta fatta la catena, passa al cambio e, successivamente, al deragliatore. Con calma pulisci anche i cuscinetti dei pedali, gli archetti e le leve dei freni, le guaine sottoposte ad attrito.

Quando hai pulito tutti i componenti, asciugali con un panno.

Olio!

Una bici funziona meglio se è ben lubrificata. Sporca anche meglio i pantaloni e rende felici le mamme. Ma queste, naturalmente, non sono preoccupazioni da veri uomini. Una catena ben lubrificata dura molto di più di una catena lasciata a seccare sugli ingranaggi.

Per lubrificare esistono in commercio prodotti specifici, che si erogano con un beccuccio. Evita gli spray, che sono difficili da dosare e sporcano moltissimo. Con il beccuccio basta passare l'oliatore su tutte le maglie della catena, lasciando una goccia su ognuna. Lubrifica tutti i componenti che sono sottoposti ad attrito.

Se vuoi risparmiare, puoi fabbricare da solo un buon olio lubrificante miscelando tre parti di benzina con due parti di olio teflonato (che compri da un ferramenta). Spalma poi la miscela ottenuta con un pennellino e... il gioco è fatto!

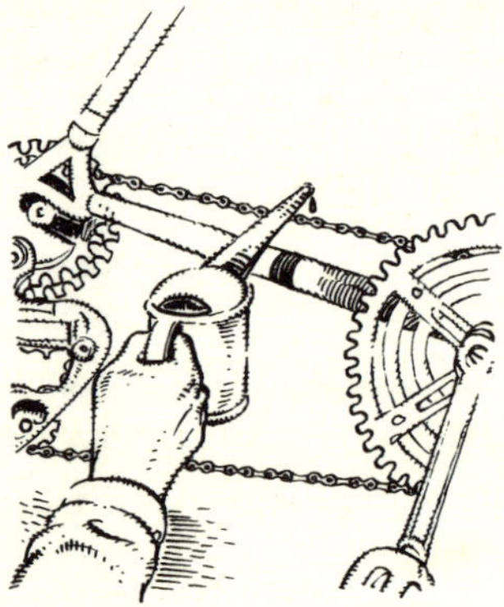

Le ruote

Controlla che le ruote della bici siano in buono stato. La prima cosa da verificare, soprattutto se si tratta di una mountainbike, è lo stato delle gomme. Se sono lucide e lisce, è ora di cambiarle, altrimenti alla prima curva stretta che fai ti ritroverai per terra. Assicurati che le camere d'aria siano ben gonfiate e, se non lo sono, procedi con una vigorosa pompatina.

Non dimenticare le brugole

Un buon ciclista sa che l'attrezzo più importante da portare con sé, oltre alla toppa per forature improvvise, la pompetta per l'aria, la borraccia piena e una luce notturna, è la brugola, ovvero quell'asticciola ad angolo retto che serve per stringere e allentare buona parte dei componenti della tua bici. Le brugole prendono il nome dal loro inventore, il signor Brugola, e possono avere diversi numeri, a seconda delle dimensioni (brugola 3, brugola 5, brugola 7...). Informati su quelle necessarie a smontare e rimontare le componenti della tua bici e impara a usarle. Si infila un'estremità della brugola nell'apposito foro e, usando l'asticciola più lunga come leva, la si fa ruotare, avvitandola o svitandola.

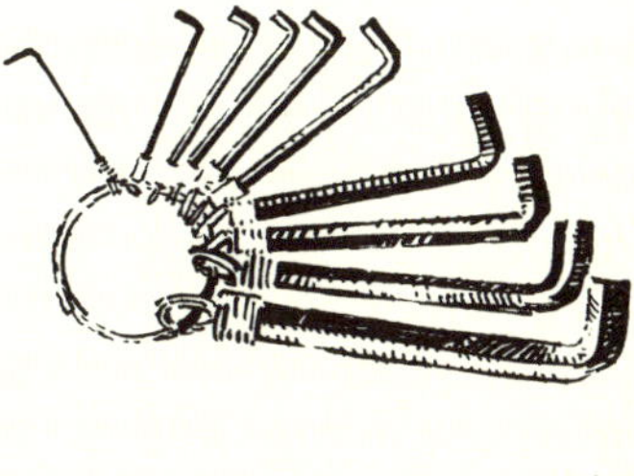

CAPITOLO 16

ORIENTARSI

Lo strumento migliore per orientarsi è la bussola. L'ago della bussola punta a nord dopo essere stato magnetizzato. In questo modo rileva il campo magnetico terrestre, causato dal movimento continuo del nucleo del pianeta, composto di ferro fuso. Il Nord magnetico non corrisponde esattamente al Nord geografico, ma per noi la differenza è talmente contenuta da essere trascurabile. Il Nord magnetico si trova oggi da qualche parte sul confine tra il Canada e l'Alaska, mentre il Sud magnetico è sul mare e lo si può raggiungere in nave. Entrambi i punti si trovano sotto la crosta terrestre, verso il centro del pianeta, e mutano con il tempo.

Una bussola normale si blocca quando ci si avvicina ai Poli, perché non può muoversi verso l'alto o verso il basso. Ci vuole una bussola giroscopica (o girobussola), una sfera che, ruotando, punta i Poli a prescindere dalla sua posizione. È uno strumento veramente prezioso, in particolare per i piloti d'aereo!

La bussola è lo strumento universale per orientarsi. La Terra ruota verso est, principio valido in entrambi gli emisferi; il Sole sorge sempre a est e tramonta sempre a ovest. L'acqua di uno scarico, invece, fa mulinelli di direzioni opposte nei due emisferi del pianeta.

L'immagine qui sotto rappresenta i 32 punti della bussola. Nell'emisfero settentrionale, quando il Sole sarà nel punto più alto del cielo punterà direttamente a sud. Nell'emisfero meridionale lo stesso Sole di mezzogiorno sarà invece a nord.

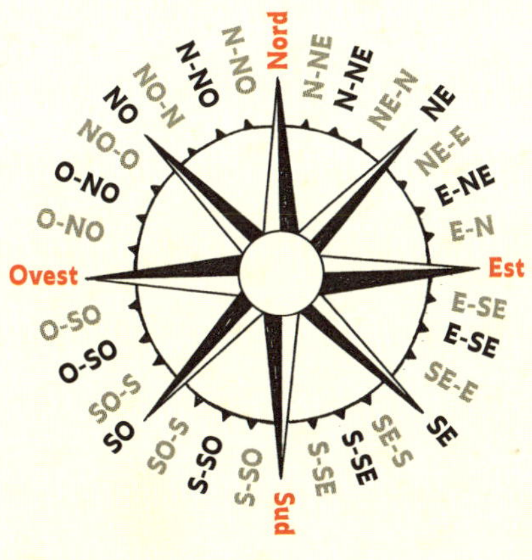

Puoi indovinare in che emisfero ti trovi osservando il movimento delle ombre: se si muovono in senso orario sarai in quello settentrionale; se, al contrario, si muovono in senso antiorario, ti troverai in quello meridionale.

L'ombra del bastone

Le ombre possono suggerirti la posizione dei punti cardinali. Pianta un bastone lungo 1 metro dritto nel terreno e metti una pietra nel punto in cui finisce la sua ombra. Chiamiamolo punto A. Aspetta un quarto d'ora e poi segna la nuova posizione dell'ombra con una seconda pietra. Chiamiamolo punto B. Ora traccia una linea dal punto A al punto B e otterrai la direttrice est-ovest. Tracciando una linea che passi a metà tra il punto A e il punto B diretta verso il punto in cui è piantato il bastone otterrai anche la direttiva nord-sud.

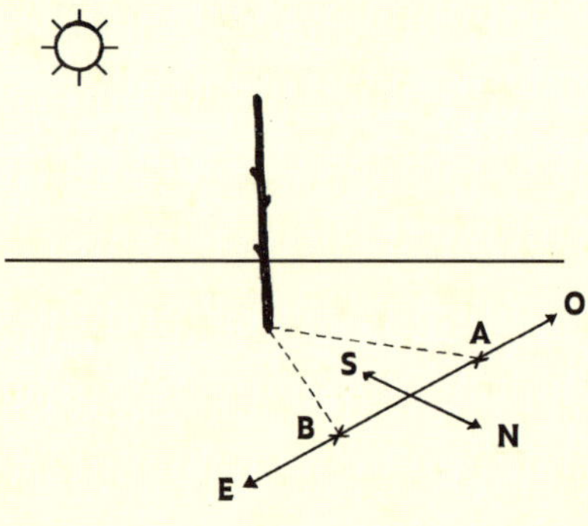

Usare l'orologio

Puoi orientarti anche utilizzando le due lancette di un orologio. Questo dev'essere regolato sull'ora solare del posto in cui ti trovi (devi cioè annullare gli effetti dell'ora legale). Più sei vicino all'Equatore, meno questo metodo funziona.

Tieni l'orologio orizzontale. Se sei in Italia, cioè nell'emisfero nord del pianeta, punta il Sole con la lancetta delle ore. La linea mediana che interseca l'angolo formato dalla lancetta delle ore e la posizione del 12 indica il Nord.

Se ti trovassi nell'emisfero sud, devi puntare il 12 dell'orologio verso il Sole e il Nord si troverà sulla bisettrice dell'angolo formato da questo e dalla lancetta delle ore.

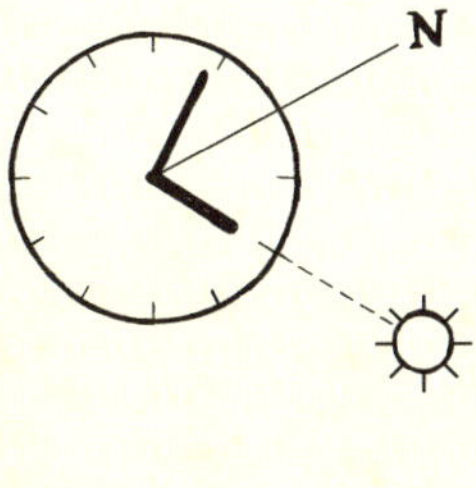

Emisfero settentrionale

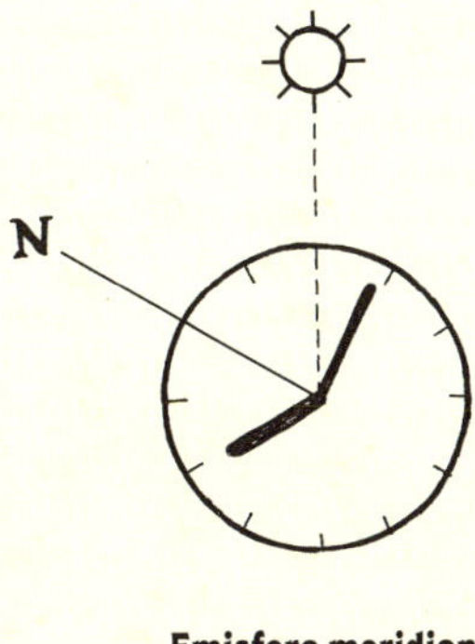

Emisfero meridionale

Costruire una bussola ad ago

Prendi un ago da materassaio o un pezzetto di filo di ferro molto sottile. Magnetizzalo strofinandolo più volte (e nella stessa direzione) su un pezzo di tessuto di seta. Fai un nodo a metà dell'ago con un filo da cucire e tienilo appeso in modo che possa oscillare liberamente nell'aria: la parte magnetizzata punterà verso nord.

Se l'ago lo strofini su una calamita, si magnetizzerà più a lungo. Se non hai nessuno di questi materiali, puoi semplicemente scaldarlo, ma funziona meno.

Se non hai il filo, puoi posare l'ago su un pezzetto di carta velina e appoggiarlo sulla superficie di una tazza d'acqua: ruoterà lentamente fino a puntare il Nord.

Magnetizzare l'ago

Con la seta

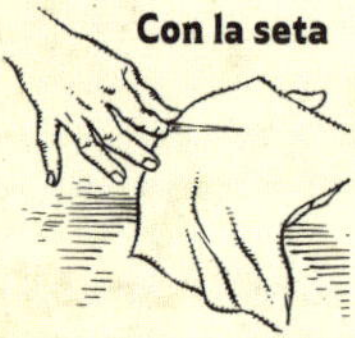

Con una calamita

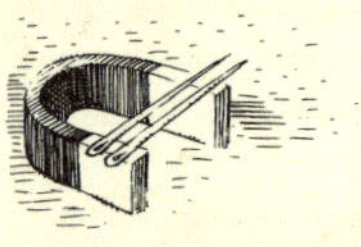

Con il fuoco

Sospendere l'ago

In aria: sospeso con un filo

In acqua: appoggiato a un pezzo di carta

Orientarsi con le stelle

Di notte, il Nord viene indicato da Polaris, la Stella Polare. Ne parliamo nel volume *Il pericoloso libro delle cose da veri uomini, Le cose da sapere* a pag. 99. Ma ci sono anche altre indicazioni nascoste nel cielo: per esempio il sorgere della Luna può fornirti una vaga indicazione dell'Est e dell'Ovest. Se la Luna sorge prima che il Sole sia tramontato, la sua faccia illuminata indicherà l'Ovest. Se sorge dopo mezzanotte, la faccia illuminata sarà a est.

Anche le stelle possono fornire indicazioni utili; se non riesci a trovare Polaris o la Croce del Sud (la si vede solo nell'altro emisfero, non passare la notte a cercarla!) prendi due bastoncini, uno più lungo dell'altro. Piantali per terra e usali come riferimento per osservare il movimento delle stelle. Se le stelle che osservi si stanno alzando, allora stai guardando a est; se si stanno abbassando, allora stai guardando a ovest; se si muovono verso destra stai guardando a sud, mentre se si muovono a sinistra stai guardando a nord. Inverti tutte queste informazioni se ti trovi nell'emisfero meridionale.

Essere in grado di orientarsi in qualsiasi momento del giorno o della notte è importante e ti farà fare bella figura con gli amici e, soprattutto, con le ragazze. Un vero uomo sa sempre dove si trova e dove vuole andare.

CAPITOLO 17

PIETRE SALTERINE

Basta un po' di abilità per far rimbalzare le pietre sull'acqua. Cerca un sasso piatto, ma non troppo sottile. Deve avere un certo peso per poter portare con sé abbastanza energia, ma non troppo, altrimenti affonderà in fretta. Sulle spiagge sassose puoi trovarne un bel po'.

Lanciare le pietre sul mare è difficile a causa delle onde; meglio fare pratica su un lago o su un fiume, prestando attenzione a

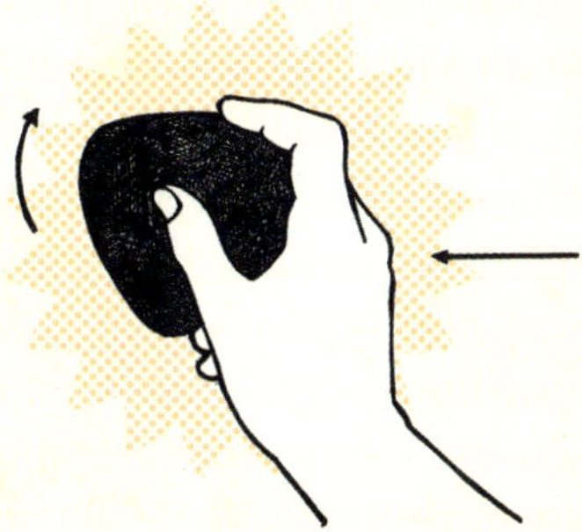

eventuali bagnanti. Non è piacevole farsi colpire alla nuca da una sassata salterina!

Il segreto delle pietre saltellanti è nascosto nella presa e nell'angolo di lancio. Piega l'indice intorno alla pietra, tenendola appoggiata sul medio. Stringi bene con il pollice.

Ora lancia, ma fai attenzione. L'angolo di lancio determinerà il destino della pietra: se è troppo alto, la pietra affonderà letteralmente nell'acqua. Se è troppo basso, rimbalzerà poco. Per ottenere l'angolo perfetto devi piegare le ginocchia e tirare a circa 25°, tentando di far appoggiare la parte liscia della pietra sull'acqua.

Fai i primi lanci piano e, a mano a mano che impari, lancia sempre più forte.

Il record mondiale è di 38 salti: riuscirai a fare di meglio?

CAPITOLO 18

ADDESTRARE UN CANE

Se vuoi che il tuo cane diventi il tuo inseparabile amico, insegnagli qualche giochetto e spiegagli cosa vuoi che faccia. Un cane bene addestrato è un cane felice! I comandi vanno impartiti con voce ferma e bassa. Ovviamente all'inizio dovrai avere pazienza e ripetere lo stesso comando più e più volte. Molti cani saranno disposti a saltare attraverso un cerchio per la felicità dei loro padroni.

1. **Parla** Fa parte di quelle risposte derivanti dall'osservazione del comportamento dell'animale. Se dai un comando ogni volta che il cane compie una qualsiasi azione, magari collegandola a un premio, lui assocerà presto le due cose. Per esempio se dici «Parla!» quando abbaia, presto abbaierà a comando. Nello stesso modo puoi collegare il comando «Hai sonno?!» al suo sbadiglio.

2. Siedi È un comando conosciuto da tutti. È importante che ogni cane sappia fermarsi sul bordo di un marciapiede invece di attraversare la strada all'improvviso. Farlo sedere aiuta a enfatizzare il pericolo che si corre sulla strada. Non aspettarti risultati immediati, perché anche i cani più intelligenti, come i collie, impiegano anche due anni per impararlo. Mentre dai l'ordine "Siedi", premi con decisione la parte posteriore della schiena del cane e mostra il premio, per esempio un biscotto. Una carezza può andare bene, ma l'addestramento sarà più rapido se gli darai premi piccoli ma concreti.

3. Giù Segue sempre il "Siedi". Indica il pavimento davanti alla testa del cane, quando è già a terra, oppure forzando la sua posizione con la mano, fino a quando non raggiunge la posa della sfinge. Dimostragli la tua soddisfazione e dagli il premio.

4. Morto Segue il "Giù!" e richiede che il cane si sdrai su un fianco fingendo di essere morto. Per fargli capire che anche la testa deve essere appoggiata a terra puoi spingerla delicatamente con la mano. Avrai notato che, mentre si sdraiano, i cani scodinzolano come matti dimostrando quanto gli piaccia questo giochino. Per spiegare al tuo che non deve farlo, digli «I cani morti non scodinzolano» con voce molto bassa e tieni ferma la coda per pochi secondi. Poi fallo alzare accarezzandolo e dagli il premio.

5. Zampa Solleva una zampa al cane e lasciala andare gentilmente, ripetendo il comando e fornendo il premio. Quando esegue questo primo ordine, passa alla seconda fase: «L'altra zampa», perché le scambi. Io avevo un terrier che sembrava non imparare mai. Ti auguro di metterci un po' meno...

6. Corri Serve per dargli uno sprint, per esempio per attraversare la strada. Tienilo fermo per il collare e, quando arriva il momento, di' ad alta voce «Corri!» e lascialo andare. Le prime volte non eseguirà l'ordine come dovrebbe, per cui, se non vuoi vederlo sfrecciare nel traffico, è meglio che lo alleni in zone dove non ci sono macchine.

7. Piano Questo comando è fondamentale quando esci a passeggio con il tuo cane, perché serve a fargli capire che non sei una slitta da trainare. Devi sottolinearlo sempre, dando un fermo strattone al guinzaglio, perché sia chiaro al cane il legame tra le due cose. I cuccioli in particolare sono facilmente eccitabili e molto curiosi, perciò armati di pazienza perché ci vorrà un bel po' prima di educarli. Può darsi che un domani ti torni utile se avrai dei figli.

8. Fermo È uno di quei comandi da insegnare appena possibile. Ordinare a distanza al cane di stare fermo riduce molto gli incidenti e le situazioni pericolose. Lo puoi insegnare spendendo qualche pomeriggio e un po' di premi. Fai sedere il cane e quindi ordina «Fermo!», con la voce bassa e profonda che devono avere tutti i comandi. Alza entrambe le mani nello stesso punto, mostrando al cane i palmi aperti. Fai un passo indietro: se il cane ti segue torna nello stesso posto e ricomincia da capo. Prova con tre passi indietro e premialo quando rimane fermo. Aumenta poi a sei, a dieci e così via. È importante che tu rimanga sempre in vista: se dovessi girare un angolo quasi certamente il cane verrebbe a cercarti.

9. Adagio Va usato per evitare che il cane morda all'improvviso il cibo, gli oggetti… o te. Si tratta di un'abitudine pericolosa che deriva dall'istinto di afferrare il cibo prima di altri cani. Non lanciargli mai nulla da mangiare, perché imparando a mordere al volo, potrebbe confondersi e mordere la cosa, o la persona, sbagliata. Offrigli piuttosto il cibo sul palmo della mano.

10. Lascia È un altro comando fondamentale. I cuccioli sono molto giocherelloni e tendono a impossessarsi di qualunque oggetto susciti il loro interesse. Non appena proverai a riprenderti ciò che tengono in bocca inizieranno a tirare divertendosi un mondo, mentre tu starai pensando alla tua scarpa nuova fiammante tra i suoi denti. Devi tenerli per il collare per impedirgli di tirare troppo e poi comandare con decisione: «Lascia!».

11. Salta Quando sei a spasso col tuo cane, puoi desiderare di vederlo superare con un salto una staccionata, una siepe o un muretto. I cani riescono a saltare molto in alto, ma è necessario che si abituino gradatamente per evitare che la paura dell'altezza possa frenarli. Comincia facendolo salire su qualcosa di basso, incitandolo con la mano e con un energico «Salta! Salta!». Se non lo fa, non sollevarlo mai per il collare o lo spaventerai tantissimo, ma prendilo in braccio e appoggialo dove volevi che saltasse, accarezzandolo e cercando di farlo sentire a suo agio. Non dimenticarti mai del premio.

12. Pipì a comando I cani poliziotto sono addestrati a evacuare il loro intestino e vescica a comando. Bisogna scegliere una parola-ordine e ripeterla ogni volta che il cane compie quell'azione, premiandolo poi con carezze e complimenti. È un accorgimento molto utile quando il cane

deve trascorrere le sue giornate in un aeroporto e sarebbe meglio che non facesse la pipì sulle valigie... Per un animale domestico non ne vale la pena.

13. Saltare attraverso le tue braccia Non tutti i cani sono in grado di farlo e altri, come per esempio i terrier, si rifiuteranno di obbedire. Puoi servirti del comando "Salta!", se è un'azione che il tuo cane conosce già. Comincia facendo un cerchio con le braccia sul pavimento e premiando il cane quando ci passa dentro dopo essere stato chiamato. Dopo un po' alza le braccia allontanandole dal pavimento in modo che il cane debba sollevare le zampe per passarci attraverso. Se noti che è troppo agitato interrompi e riprendi il giorno successivo. Non arrenderti quando, saltando, il cane ti colpirà varie parti del corpo, perché ci vorrà del tempo prima di ottenere un numero perfetto, ma al termine dell'allenamento riuscirai a impressionare i tuoi spettatori.

14. In caso di attacco Sapere che il tuo cane è pronto ad attaccare può infonderti una certa sicurezza; tuttavia devi ricordarti che la legge è molto severa con gli animali aggressivi. I cani per natura sono protettivi nei confronti del loro territorio e delle persone che amano, e tendono a essere meno amichevoli nei confronti degli sconosciuti, soprattutto uomini. Quindi non c'è alcun bisogno di addestrarli ad azzannare qualunque cosa ti si avvicini.

I cani aggressivi sono molto pericolosi. Se tenti di accarezzarli possono mordere ed è fondamentale procedere per gradi, lasciando che per prima cosa annusino la tua mano, evitando di fare movimenti bruschi. Se mostrano i denti, allontanati subito, perché l'essere umano è l'unico animale che mostra i denti per sorridere. Lo stesso vale per il ringhio, che non è mai giocoso. Non ringhiare in risposta, perché il cane lo prenderebbe come una sfida e diventerebbe ancora più aggressivo. Molti cani sono così gentili da avvisarti del pericolo, quindi non sprecare questa opportunità e togliti di torno.

Se invece non ce la fai e il cane ti attacca, rimani dove sei e proteggiti il viso. Non urlare, ma soprattutto evita di fissarlo negli occhi, perché per gli animali è un segnale di sfida. Di solito un cane che attacca ha il solo obiettivo di farti allontanare dal suo territorio e solo raramente vuole ferire. Perciò mantieni la calma, non correre e cerca di allontanarti lentamente. I cani più grandi, come gli alsaziani, tenteranno di colpirti al petto per farti cadere. E ti garantiamo che non è per niente divertente essere attaccati da un cane mentre si è distesi per terra. Se dovesse accadere, raggomitolati e proteggi il viso e il collo. Anche in questo caso probabilmente si limiteranno ad abbaiare piuttosto che a colpire sul serio, ma è meglio non scoprire il limite della loro pazienza, quindi evita di gridare per chiamare aiuto.

In ogni caso un cane bene addestrato difficilmente sarà aggressivo verso le persone o verso gli altri cani e, nella peggiore delle ipotesi, si fermerà subito se richiamato all'ordine. Proteggerà la casa e adorerà il suo padrone riponendo in lui una totale e cieca fiducia. Quindi trattalo bene!

CAPITOLO 19

COSTRUIRE UN PERISCOPIO

Prima di tutto procurati gli specchietti: qualsiasi vetreria te li taglierà della misura che ti serve per un prezzo contenuto. Il compensato va comprato da un falegname o da una rivendita di legname. È adatta anche la masonite che puoi trovare a buon prezzo in una ditta che fabbrica le porte. Compra pure il compensato a tre strati, più economico e facile da lavorare, perché non hai bisogno di una grande robustezza.

Cosa ti serve

- Una sega, un martello, colla e qualche chiodo
- 2 specchietti quadrati da 5x5 cm
- Compensato a tre strati. Taglia 2 pezzi rettangolari da 45x5 cm, 2 da 40x5 cm e 2 da 5x5 cm
- Nastro adesivo

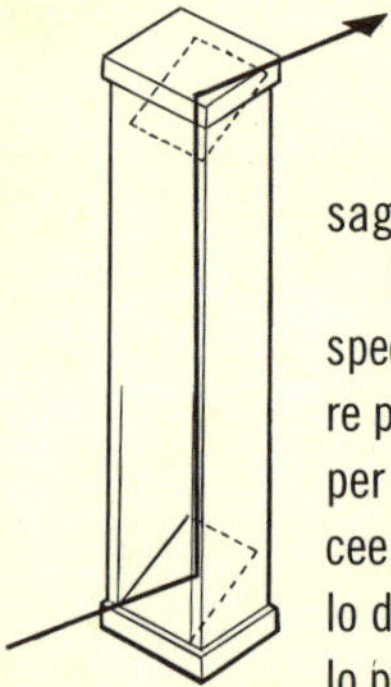

Una volta raccolto il materiale dovresti impiegare meno di un'ora per realizzare il periscopio. Se non te la senti di usare la sega per sagomare il compensato, chiedi aiuto a tuo papà.

Un periscopio funziona riflettendo la luce da uno specchio all'altro; è stato inventato per poter guardare più in alto della propria testa e può essere usato per osservare il nemico oltre le recinzioni o le trincee senza esporsi al fuoco. L'uso classico è quello dei sottomarini. Un altro uso consigliato è quello per sbirciare la vicina che prende il sole, se vi ha fatto abbattere la capanna sull'albero (vedi a pag. 21).

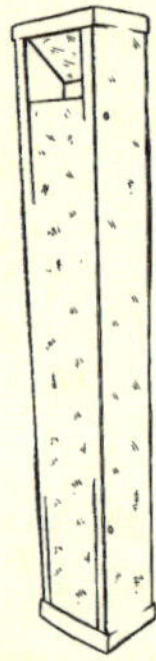

Usando i chiodi devi costruire la scatola, lasciando sui due lati lo spazio in alto e in basso per gli specchi. Puoi rifinirlo e verniciarlo di nero o di colori mimetici, se vuoi. Se lo realizzi in mogano usando dei trafilati angolari in ottone il risultato sarà sbalorditivo (ma anche carissimo).

L'unica difficoltà consiste nel fissare gli specchi: il modo migliore è quello di incollare delle sottili strisce di legno come guida su cui appoggerai i due specchi quadrati. Noi abbiamo usato il nastro adesivo, ed è stato sufficiente.

L'angolo in cui vanno inclinati gli specchi deve essere tassativamente di 45°. In caso contrario l'immagine sarà, nella migliore delle ipotesi, ridotta a una striscia. Puoi arrivare all'angolo giusto per tentativi, fissando uno specchio e aggiustando l'altro fino a quando non vedi perfettamente.

CAPITOLO 20

SNORKELING

L'attività subacquea testimonia l'attrazione e il fascino che da sempre l'acqua esercita sull'uomo. L'immersione come divertimento è un concetto piuttosto recente. Fino agli anni Cinquanta e Sessanta era praticata da poche persone, che la svolgevano soprattutto per lavoro. Oggi, grazie alla maggiore affidabilità e praticità delle attrezzature subacquee, immergersi, con o senza bombole, è una delle attività acquatiche più diffuse.

Prima di iniziare un'immersione in apnea (detta anche snorkeling, da snorkel, che molti chiamano impropriamente boccaglio) assicurati di avere l'attrezzatura giusta: una maschera troppo grande o pinne strette potrebbero compromettere seriamente il tuo divertimento!

Ecco le quattro parti fondamentali dell'equipaggiamento che devi procurarti.

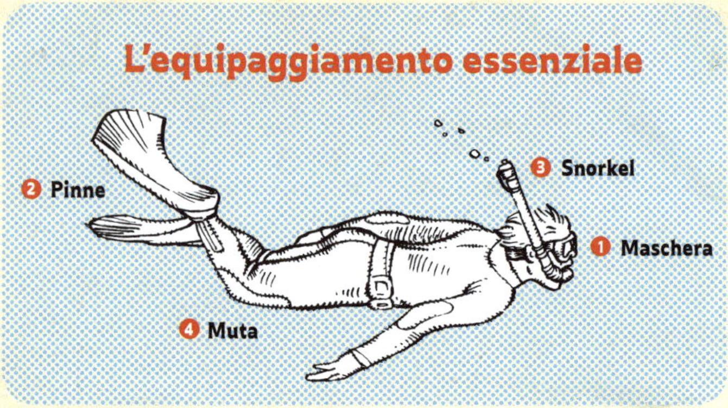

1. La maschera Esiste di varie forme e dimensioni, ha la montatura di plastica, i bordi di silicone, una o due lenti di vetro temperato e la cinghia di neoprene, un materiale molto elastico e resistente alla salsedine. Quando devi comprare la maschera, indossala e piega la testa all'indietro. Assicurati che il bordo aderisca perfettamente al volto. Inspira sollevando la testa fino a guardare dritto di fronte a te: se la maschera non si stacca dal viso, hai trovato la tua!

2. Le pinne Due sono i modelli base: a scarpetta o con la cinghia sul tallone. Se sei alle prime armi, ti consigliamo senz'altro le prime, più pratiche da indossare e da togliere. Sono preferibili pinne galleggianti e non troppo lunghe, per consentire anche alle gambe meno allenate di nuotare senza stancarsi troppo.

3. Lo snorkel Nella scelta dello snorkel è importante valutarne alcune caratteristiche: il tubo può essere rigido o flessibile. Per maggiore praticità noi ti consigliamo il tipo morbido; preferiscilo comunque comodo e soprattutto adatto alla tua bocca. Alcuni snorkel hanno una valvola che serve a espellere l'acqua dal tubo e che a volte può essere di grande aiuto!

4. La muta Se rimani a lungo in profondità, ti consigliamo di indossare una muta, che a seconda della temperatura dell'acqua potrà essere più o meno spessa (in media 2 mm), con maniche e pantaloni lunghi o corti, con o senza cappuccio. La muta, realizzata in neoprene espanso, funziona in acqua come un galleggiante, perciò è necessario indossare una cintura di pesi e un leggero giubbotto gonfiabile per ottenere un buon equilibrio tra immersione e nuoto in superficie.

Ora sei pronto per immergerti! Ecco qualche istruzione fondamentale:

- per non trovarti in difficoltà, pianifica sempre la durata e la direzione dell'immersione, informandoti preventivamente su eventuali correnti. È sempre meglio partire contro corrente e rientrare, quando si è più stanchi, con la corrente a favore;

- per evitare che la maschera si appanni sul più bello, sputa sulla parte interna del vetro quando è ancora asciutta e poi risciacquala con acqua di mare prima di indossarla. È un metodo infallibile!

- quando nuoti in superficie, lo snorkel si può riempire di acqua con una certa facilità: non ispirare mai con la bocca se non vuoi farti una bevuta, ma espira in modo deciso nel tubo per espellerla;

- nell'uso delle pinne ricordati sempre: di camminare all'indietro (fuori dall'acqua), se non vuoi inciampare al primo metro, e di nuotare con movimenti lenti e decisi (dentro l'acqua), usando tutta la gamba senza piegare il ginocchio, per non sprecare tutte le energie all'andata. Ricordati che c'è sempre il ritorno!

- durante l'immersione non toccare mai ciò che non conosci: potresti distruggere qualche bellezza del mondo sommerso o, anche peggio, fare la conoscenza di alcuni suoi, poco amichevoli, abitanti.

CAPITOLO 21

TRUCCHI DA SPIA

Alzi la mano chi non ha sognato almeno un volta di essere una spia. Pedinare altre persone nascosti dietro un giornale, consegnare un oggetto importantissimo per la sicurezza del mondo, ottenere informazioni riservate sui piani di un feroce criminale, rischiare la vita in uno spericolato inseguimento in moto e soprattutto... partecipare a magnifiche feste nelle ambasciate e conoscere donne meravigliose. Tutto questo lo abbiamo imparato dai film di James Bond, ma a volte la realtà supera la fantasia: pensate che i servizi segreti russi guardando gli stessi film si erano convinti che le spie occidenta-

Gli attrezzi del mestiere

- **Block notes e matita**
- **Macchina fotografica senza flash**
- **Telefono cellulare**
- **Registratore**

li avessero in dotazione le invenzioni di Q... e le costruirono davvero tutte!

La vita di una spia non è sempre azione e adrenalina: è stressante, ripetitiva, piena di trucchi e di bugie. Bisogna saper bluffare, come nel poker, ed essere pronti ad agire da un momento all'altro. Per provare, non c'è niente di meglio che allenarsi con un parente che non sa nulla della tua attività di spia: una sorella maggiore è un soggetto pieno di segreti. Magari scopri che ha un fidanzato di cui non vuole confessare l'esistenza. Una raccomandazione: se ci riesci, non fare la spia!

Il codice dei colpi di tosse

Se lavori con un amico, potete usare un codice segreto per comunicare tra voi. Quello che segue è conosciuto come Codice Denton, o anche Codice Vietnamita. Consente di far passare un semplice messaggio componendo le lettere dell'alfabeto con coppie di colpi di tosse e starnuti.

	Tosse	Aspirare con il naso	Schiarirsi la gola	Schioccare le labbra	Soffiarsi il naso, starnutire
Tosse	A	B	C	D	E
Aspirare	F	G	H	I	J
Schiarirsi	L	M	N	O	P
Schioccare	Q	R	S	T	U
Soffiarsi	V	W	X	Y	Z

Pedinamento

Prima di tutto armati di pazienza. Un pedinamento significa per l'80% aspettare che una persona si trasferisca da un posto all'altro e per il 20% seguirla senza che se ne accorga. Se poi stai pedinando tua sorella, la cosa è ancora più difficile, perché lei ti conosce.

Segna sul block notes gli orari degli spostamenti abituali del "coniglio" che, nel gergo delle spie, è chi stai seguendo. Controlla tutto ciò che butta via: nella spazzatura ci sono gli indizi migliori. Se il coniglio guida (macchina, motorino), un buon trucco per conoscere gli orari dei suoi spostamenti è questo: procurati un orologio con le lancette da pochi euro (meno è robusto meglio è) e togli il cinturino. Ora nascondi la cassa dell'orologio sotto la ruota della sua macchina o del motorino; partendo, la ruota schiaccerà l'orologio, fermando le lancette.

Per seguire un coniglio devi conoscere anche le sue "tane". Chiunque ha un giornalaio preferito, un lato della strada su cui cammina, un posto di lavoro o una scuola, il gelataio... Tenendo sotto controllo questi punti negli orari giusti, potrai iniziare il tuo inseguimento.

Se ti trovi con il coniglio nella stessa stanza, non muoverti subito dopo, ma prova invece ad anticiparlo: esci prima di lui e vai a piazzarti in un "punto fisso" in cui tenerlo sotto controllo.

Prendi appunti su tutto quello che fa.

Mimetizzarsi

Per seguire qualcuno occorre non farsi notare. Le persone si riconoscono anche a grande distanza da alcuni particolari, che poi vengono confermati quando le si vede da vicino. Devi quindi modificare i tuoi particolari distintivi. Piazzati davanti a uno specchio e analizzati. I particolari visibili a grande distanza sono:

- la pettinatura, la quantità e il colore dei capelli
- elementi del viso come occhiali, piercing, orecchini...
- altezza, peso e il modo in cui tieni le spalle
- il modo di camminare o di muovere le mani
- il modo di vestire (porti sempre i jeans?)
- gli accessori: scarpe, stivali, cintura, zaino...
- le cose che porti solitamente con te: lettore CD o iPod, skate-board, bicicletta, libri, cellulare...

Tutti questi particolari devono cambiare quando diventi una spia. Soprattutto i capelli (pettinati in modo diverso o mettiti un cappello o una parrucca), il tipo di abbigliamento (cambia completamente stile e colori), le scarpe (se sei abituato alle scarpe da ginnastica, indossa i mocassini) e il modo di camminare. Più è radicale il cambiamento, meglio è. Sei magro e sportivo e hai sempre indossato magliette? Compra una camicia di due taglie più grande, infilati un cuscino nei pantaloni, legalo con la cintura e... via! E poi l'occhiale da sole va sempre bene!

Se vuoi sembrare ferito, zoppo o malconcio, il modo migliore è quello di bendarti un ginocchio con una garza piuttosto stretta. Se pensi che sia molto importante, inserisci nel tacco di una scarpa un sassolino, avvolto in strati di cartoncino in modo che rimanga fermo. Ogni volta che ci poserai sopra il tallone, sentirai un piccolo fastidio, che ti ricorderà di zoppicare.

Fotografare

Fare buone fotografie è indispensabile per una spia, quindi procurati una macchina fotografica il più possibile piccola ma con uno zoom potente. Allenati a scattare rapidamente senza dover guardare nell'obiettivo, magari tenendola nascosta nel palmo della mano. Non mettere mai il flash, altrimenti sarai notato come se avessi addosso una sirena!

Assicurati di non essere spiato

Una buona spia sa che, a sua volta, può essere spiata. Bisogna quindi fare attenzione. Per rendere sicura la porta della tua camera di notte, mettici davanti una sedia con impilati sopra tre bicchieri d'acqua. Se qualcuno prova a entrare, i bicchieri cadranno, svegliandoti. Per bloccare una porta dall'interno è sufficiente infilarci sotto un tassello triangolare, che impedisce l'apertura.

Se pensi che qualcuno apra i tuoi cassetti, fissa sul bordo un lungo capello, appiccicandolo con un po' di saliva o con la chiara d'uovo. Se al tuo ritorno è staccato, significa che qualcuno li ha aperti.

Per sapere se qualcuno ti apre la valigetta o lo zaino quando non ci sei, fai così: procurati alcuni cilindretti di plastica vuoti. Mettili in piedi, nella valigetta o nello zaino, in modo che siano in equilibrio su alcuni oggetti. Se quando torni i flaconcini sono caduti o sono stati mossi, qualcuno ha messo le mani nei tuoi documenti.

Nascondi le informazioni scritte. Il posto migliore è nelle tende: procurati una spilla da balia e osserva le tende della tua camera. Se sono doppie, puoi appendere con la spilla i tuoi documenti all'interno della piega della stoffa.

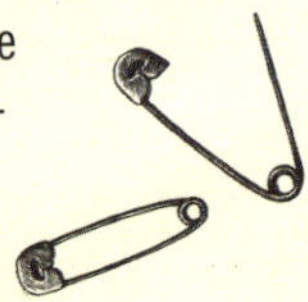

Avere diverse identità

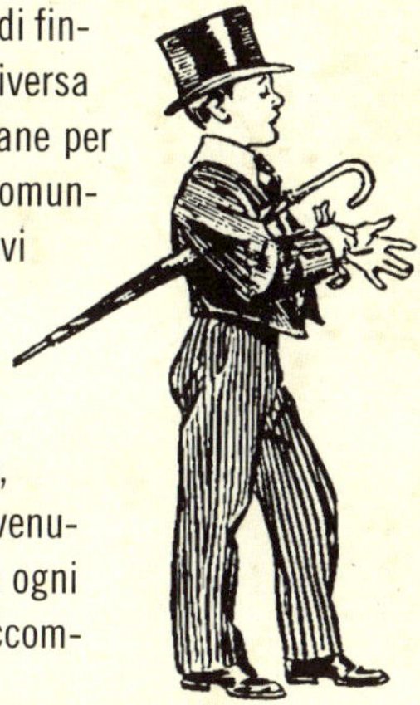

Quando sei una spia non sei più te stesso. Preparati con il computer di casa una serie di finti biglietti da visita, ciascuno per una diversa identità: se pensi di essere troppo giovane per avere un biglietto da visita, preparati comunque delle scuse plausibili sul perché ti trovi in un certo posto. Più la scusa è dettagliata e assurda, meglio è. Per convincere il portiere di un palazzo a farti salire al piano in cui è sparita tua sorella, digli: «Sono il nipote di zia Maria e sono venuto a farle gli auguri di compleanno» (in ogni palazzo c'è una Maria), ma non farti accompagnare: sai già la strada.

Per entrare in un posto affollato senza pagare il biglietto, il modo migliore è quello di andare all'uscita e, da lì, provare a entrare camminando all'indietro tra la gente che esce. Con un po' di allenamento nei supermercati, vedrai che funziona!

CAPITOLO 22

ANDAR PER BOSCHI

Come qualsiasi vero uomo può raccontarti, una domenica mattina passata a raccogliere funghi è una domenica ben spesa. Alzati presto, molto presto (le cinque vanno bene) e recati con il tuo papà, o con il tuo inseparabile amico di funghi, nel bosco. Ogni cercatore ha la sua zona segreta: presto anche tu avrai la tua. Al mattino è magnifico vedere svegliarsi la vegetazione, sentire l'umido dell'erba sotto i piedi e ascoltare i primi rumori del bosco. Le domeniche migliori per andare a funghi sono quelle di mezza stagione.

Prima di andare informati presso le Comunità Montane: alcuni boschi sono protetti e la raccolta è regolamentata da permessi a pagamento. Un permesso ti consente di raccogliere un certo quantitativo di funghi: rispettalo, in modo che altri, come te, possano godere di questo meraviglioso passatempo.

Le cinque regole d'oro del raccoglitore di funghi

- Non andare per funghi in periodi di siccità o di forte vento.
- Porta con te l'equipaggiamento necessario: un siero antivipera, un bastone, un coltellino bene affilato, un cestino di vimini foderato di foglie per disporre al suo interno i funghi che raccogli, una scatola di cartone per i funghi che non conosci e che vuoi portare a casa per capire se sono commestibili.
- Rispetta il bosco.
- Raccogli i funghi con pazienza. Se puoi, taglia il gambo alla base e lascia la parte bassa. Non scavare crateri.
- Non raccogliere i funghi piccoli: non li potrai mangiare e impedirai ad altri di farlo. Moderati.

Che cosa mettere nello zaino

Per trascorrere una settimana in un bosco non avrai bisogno di molte cose. Ma alcune sono assolutamente indispensabili. Lo zaino che ti porterai dietro non potrà pesare più di 10-12 kg, altrimenti ti impedirà di muoverti e sarà una vera e propria tortura. Ecco cosa ci portiamo di solito dietro noi:

- 1 borraccia di acqua (1 litro)
- 1 bussola
- 1 camicia di ricambio
- 1 carta della zona
- 1 coltellino multiuso con la lama tagliente
- 1 confezione di alcol
- 1 confezione di fazzoletti di carta
- 1 fornellino ad alcol con pentolino di alluminio
- 1 macchina fotografica
- 1 maglione pesante
- 1 paio di mutande
- 1 pantalone di ricambio corto
- 1 pantalone di ricambio lungo
- 1 pezzo di sapone di Marsiglia per lavarsi
- 1 poncho
- 1 quaderno e penna
- 1 sacco a pelo
- 1 scatola di fiammiferi

- 1 spazzolino e dentifricio
- 1 straccio di stoffa (per bendature, accendere fuochi ecc...)
- 1 stuoino da stendere sotto il sacco a pelo
- 1 tenda da due persone
- 1 torcia (e non dimenticare le batterie di scorta)
- 1 tuta per dormire
- 2 paia di calzini
- 3 m di cordino di cuoio
- 1 scatola di latta, ben lucida (che possa servire a riflettere il sole), sigillata con il nastro adesivo e imbottita di ovatta, per contenere: fiammiferi d'emergenza, una candela, una pietra focaia o una lente, aghi robusti, una spilla da balia, lenza e ami da pesca, una sega a filo, un set di cerotti, un palloncino ad acqua (per borracce d'emergenza), un fischietto, una confezione di antidiarroico, una confezione di analgesico, una confezione di antibiotici, antistaminici per le punture di insetti, una confezione di compresse per rendere potabile l'acqua.

CAPITOLO 23

I FUOCHI DA CAMPO

Una nostra vecchia amica che allevava cani pastore diceva sempre: «Chi sa far fuoco, sa far casa». Ed è vero. Imparare ad accendere e mantenere un fuoco è molto importante, soprattutto se ti trovi con tende e sacchi a pelo a dormire all'aria aperta. Il fuoco è da sempre una cosa da veri uomini, almeno da quando il titano Prometeo lo rubò agli dei dell'Olimpo per regalarcelo. Gli uomini amano chiacchierare con gli amici attorno al fuoco, osservando la brace rossa e i coriandoli di scintille che si involano, di tanto in tanto, verso l'alto: saranno le serate più belle della tua vita. Per trascorrerne una, impara i trucchi che ti insegniamo di seguito e anche qualche bel racconto del brivido di E. A. Poe. Vedrai che risultato! (Guarda *Il pericoloso libro delle cose da veri uomini, Le cose da sapere* a pag. 131.)

In un bosco il fuoco non è solo un mezzo per scaldare il cibo: serve a far luce e tenere lontani gli animali, a depurare l'acqua facendola bollire e ad asciugare i vestiti.

L'accensione

Per prima cosa scegli il luogo in cui accendere il fuoco: se serve per scaldare o illuminare un accampamento è meglio fare diversi piccoli fuochi anziché uno unico e molto grande. Il luogo deve essere pulito, privo di sterpaglie e non sotto gli alberi, per evitare il propagarsi improvviso della fiamma. Puoi accendere il fuoco su una roccia o in una buca, magari circondata da pietre.

Procurati quindi del materiale da esca, a cui appiccare la fiamma: carta, cartone, paglia, piccoli rami, polvere di corteccia, pigne sono tutti facilmente infiammabili. Puoi anche facilitare la presa del fuoco imbevendo l'esca di benzina o alcol (PRIMA di accendere la fiamma). L'esca dev'essere posizionata a contatto con legna di facile accensione: rami un po' più grandi, assi di legno piatte, tavole. Disponila a catasta, con l'esca sotto, assicurandoti che ci sia un sufficiente passaggio d'aria: il fuoco brucia ossigeno, per cui, se metti la legna troppo compatta, non brucerà. Solo una volta che il fuoco avrà attecchito su questa legna, potrai aggiungere tronchi più grossi, detti di mantenimento: è da questi ultimi che otterrai le braci.

Le fiamme alte (per far bollire l'acqua) si ottengono con legna secca. Le fiamme basse (per far cuocere la carne) con legna umida o verde (attenzione che non sia troppo verde, perché altrimenti produrrà molto fumo). Le fiamme alte bruciano velocemente. Le fiamme basse sono più durature.

Conviene inoltre ricordare che sono buoni legni d'accensione e adatti alle fiamme alte quelli teneri e bianchi (pioppo, acero, platano...) e quelli resinosi (pino, abete, larice...). Per una combustione lenta, sono meglio i legni di quercia, frassino, olmo e faggio.

Come si accende un fuoco

1. **Il fiammifero** È il modo migliore. Tieni i fiammiferi sempre all'asciutto. Se non hai un contenitore per i fiammiferi e hai paura di bagnarli, puoi proteggere la capocchia con lo smalto per unghie (che naturalmente speriamo tu non abbia portato con te, puoi sempre chiederlo alla donna del gruppo) o con cera colata.

2. **Il cordino** Prendi un ramo molto secco, a punta, e metti l'esca sotto la punta. Il ramo dev'essere tenuto sollevato da terra mediante un secondo ramo trasversale. Mettiti in piedi sul ramo

e tienilo fermo con un piede. Fai passare sotto il ramo un cordino di cuoio o di un altro materiale che non sia il nylon e comincia a sfregarlo sotto la punta del ramo: con l'attrito produrrai un pulviscolo incandescente che attecchirà sull'esca.

3. **L'archetto** Devi trovare un tronco con un incavo di alcuni centimetri, all'interno del quale posare un ramo secco e a punta. Cominciando a ruotare velocemente il ramo, si produrrà il pulviscolo incandescente. Ma non è per niente facile e, spesso, ci vuole un po' di fortuna: un risultato migliore si ottiene lavorando in due. Una persona tiene schiacciato il ramo mediante una pietra, mentre l'altra, utilizzando un laccio, comincia a imprimere al ramo una velocissima rotazione.

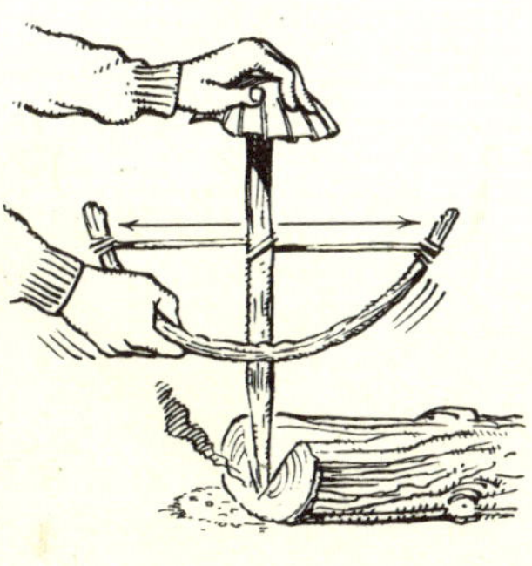

4. La lente Se c'è ancora il sole, ti basta una lente d'occhiale o un fondo di bottiglia per concentrare i raggi del sole sopra l'esca.

5. Il quarzo Se hai un cristallo o una pietra focaia, fissali a due rami e avvicina l'esca. Colpisci il quarzo con un oggetto duro (il coltellino), per sprigionare alcune scintille. E, con un po' di fortuna… lo accenderai.

Come si dispone un fuoco

A piramide È il fuoco base da imparare. Fa molta luce, scalda, ma consuma tantissima legna. Serve un'alimentazione costante.

A trincea Ideale per far bollire l'acqua e per sfruttare rami lunghi, ti permette di usare più pentole, mes-

se una accanto all'altra. Per accenderlo, scava un buco nel terreno (solido, altrimenti crollerà) e fai prima attenzione al vento. Se è forte, scava il buco a croce, disponendo agli angoli quattro pietre su cui posare la grata per cuocere. Oppure scava una trincea di 50x30 cm, orientata in modo che il vento vi soffi dentro e aumenti il tiraggio.

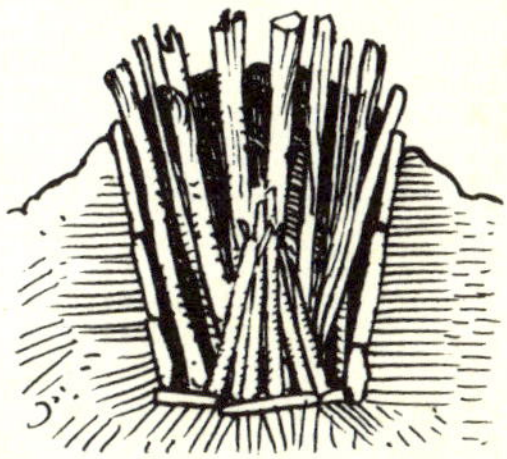

Polinesiano Fai un buco molto profondo nel terreno e ricopri il fondo di pietre piatte. Usa poi rami mediamente lunghi. Il fuoco che accenderai sarà molto caldo e resistente al vento, ma un po' difficile da alimentare.

A riflettore Usa alcune pietre per sorreggere una parete di legno posta dietro il fuoco: ti servirà a riflettere il calore. È molto adatto per scaldarsi, se acceso davanti alla propria postazione.

Del pastore Per farlo ti serve una grande pietra di fondo e una serie di pietre laterali più piccole, che formino una specie di grotta, nella quale si accende il fuoco. La grata per cuocere si poggia sulle pietre laterali.

Alla pietra Circonda il fuoco con due file di pietre, sopra le quali poserai le pentole.

A capanna È il fuoco migliore se c'è vento e hai a disposizione rami lunghi. Disponi il tronco più lungo e grosso sulla sommità della capanna, appoggiandolo sui rami biforcati che formano le pareti. L'esca va messa sotto, tra i rami più piccoli e secchi che costituiscono la base della capanna.

CAPITOLO 24

GIOCOLERIA

La giocoleria è la capacità di saper lanciare in aria i più svariati oggetti riuscendo ad acchiapparli senza farne cadere nessuno. Per imparare i rudimenti comincia a procurarti tre palline rotonde del diametro di circa 5 cm. Quelle usate dai giocolieri sono di solito riempite di riso o farina, per afferrarle meglio. Ne puoi comprare tre in un negozio di giochi a non più di 5 euro. Per imparare le basi ti servirà almeno un'oretta, quindi non scoraggiarti.

1. Prendi una palla sola nella mano destra e lanciala gentilmente nella mano sinistra. Ora lanciala indietro nuovamente nella destra. Vai avanti e indietro così finché non ti viene automatico lanciare la palla senza guardarla.

2. Ora aggiungi un'altra palla. Tieni una palla nella mano destra e una nella sinistra: dopo aver lanciato la destra pre-

parati a riceverla a sinistra lanciando a sua volta la palla che stringevi a sinistra. Il punto cruciale è questo: con un solo movimento devi lanciare la palla sinistra e acchiappare quella che arriva dalla destra. Puoi riuscirci subito o metterci tanto tempo, ma il segreto è questo: maggiore è l'arco compiuto dalle palle, più tempo avrai per recuperarle.

3. Aggiungi anche la terza palla! Tienine due nella mano destra e una nella sinistra: lancia la prima palla dalla destra e fai lo scambio come descritto al punto 2. A questo punto dovrai ripetere lo scambio anche con la mano destra! Continua così scambiando le palle che tieni in mano a destra e a sinistra con quella in volo. Devi fare molta attenzione ai movimenti delle mani, anche se sono gli stessi. Ognuna deve lanciare la palla che stringe prima di prendere quella che le sta volando incontro. Dovrebbe essere un unico fluido movimento e richiede pratica, pratica, pratica!

Ora prova questo: rimettiti nella posizione iniziale con due palle in una mano e una nell'altra. Porta la mano destra dietro la schiena e lancia le due palle sopra le spalle. Mentre queste sono in volo lancia anche la sinistra e prendi quelle che ti stanno arrivando... una per mano!

Sì, è proprio difficile come sembra, ed è per questo che sbalordirà i tuoi amici e le ragazze.

E ora smetti di leggere... Allenati!

CAPITOLO 25

PRESTIDIGITAZIONE CON LE MONETE

I giochi di prestigio sono un'ottima occasione per farsi notare dagli amici o dalle ragazze. Richiedono destrezza e allenamento, ma quelli che presentiamo in questo capitolo sono abbastanza semplici ed efficaci da poter essere imparati senza spargere troppo sudore. Ci concentreremo sulla sparizione delle monete (attività che in Italia è guardata con rispetto anche negli ambiti industriali e finanziari).

Qualsiasi moneta va bene, meglio se grande. Se ne recuperi qualcuna da 2 euro possiamo cominciare.

Quando devi effettuare un gioco di prestigio va curata la scena. I trucchi sono semplici e, in alcuni casi, perfino deludenti se osservati nella loro essenza. Esercitati quindi a presentare il gioco creando un'atmosfera di attesa e di suspance. Questi giochi sono piuttosto rapidi nell'esecuzione ma non è sulla velocità che ti devi concentrare, quanto sulla fluidità del movimento. Ci vuole pratica. L'altro elemento che rende grandi i maghi è la capacità di spiazzare lo spettatore facendolo concentrare su un dettaglio inutile, la cosiddetta *misdirection*. Quando esegui il tuo numero muoviti con sicurezza e fluidità.

Uno dei trucchi di sparizione più vecchi e famosi con le monete è noto con il nome di French Drop. Lo puoi abbinare a un trucco di apparizione della moneta, per esempio ritrovandola dietro l'orecchio di uno spettatore. Prova a ingegnarti per immaginare quale effetto di apparizione puoi abbinare, usando tutta la tua creatività per sbalordire il pubblico.

Le istruzioni che seguono sono per i destri. I mancini devono invertire le indicazioni.

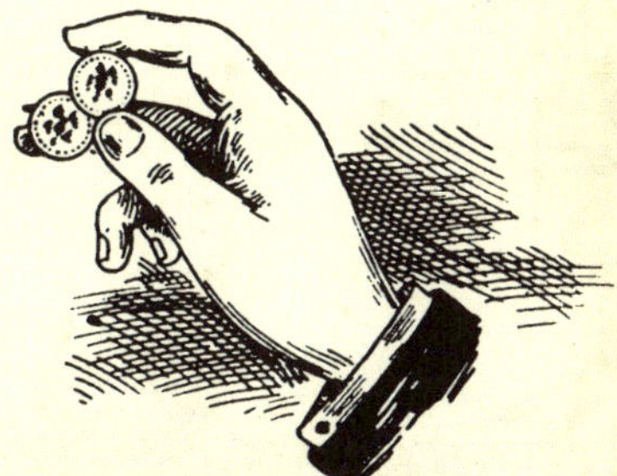

La scomparsa semplice

Come spesso accade, le cose semplici sono le migliori. Il trucco noto come scomparsa semplice ha proprio queste caratteristiche: semplicità ed efficacia.

Tieni entrambe le mani aperte rivolte verso l'alto tenendo una moneta tra il medio e l'anulare della mano destra. Tieni la moneta in posizione con il pollice destro mentre fingi di sbatterla nella mano sinistra. Chiudi le dita della mano sinistra sopra la destra e togli quest'ultima tenendola rivolta verso il basso. La moneta è ancora intrappolata dal pollice destro. Ora chiudi la mano destra e lasciala cadere sul fianco mentre riveli l'assenza della moneta dalla mano sinistra.

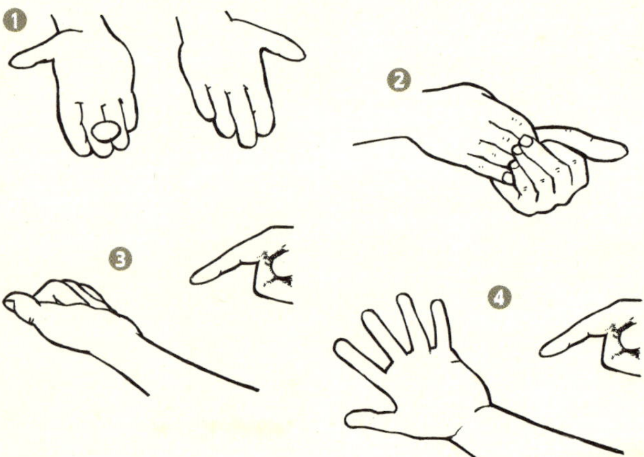

La scomparsa

Tieni entrambe le mani coi palmi rivolti verso l'alto con la moneta adagiata al centro della mano destra. Avvicina le mani in modo che la destra arrivi dal basso toccando le punte delle dita sinistre. Bisogna fingere di lasciar cadere la moneta portando la destra sopra la sinistra, chiudendo le dita della sinistra e lasciando che la destra cada lungo il fianco.

Il trucco funziona perché la moneta rimane saldamente ancorata alla mano destra grazie alle protuberanze che si formano sul palmo quando la si chiude leggermente. È piuttosto semplice intrappolare una moneta in questo modo. Questo espediente in gergo si chiama palmata. Il tuo pubblico vedrà solo il dorso della mano destra mentre lascia scivolare la moneta nell'altra mano. Esercitati nella palmata prima che in questo semplice trucco: dovrai sperimentare la posizione nella mano affinché l'oggetto intrappolato rimanga immobile al suo posto.

Ricorda di esercitarti davanti allo specchio, è più importante di quanto si creda.

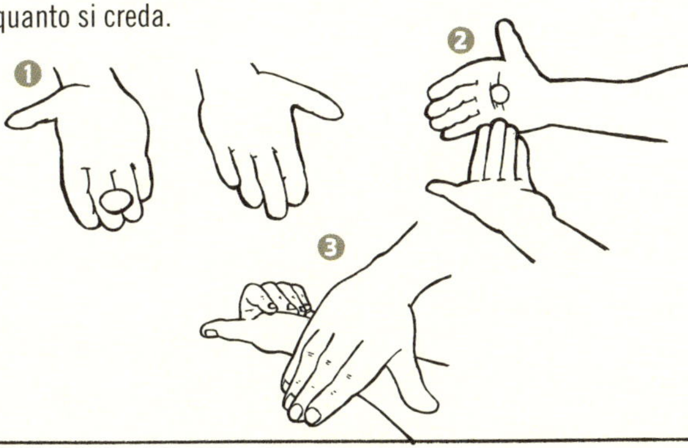

French Drop

Tieni la moneta con l'indice, il medio e il pollice della mano sinistra il cui palmo deve essere rivolto verso l'alto e le altre due dita ripiegate.

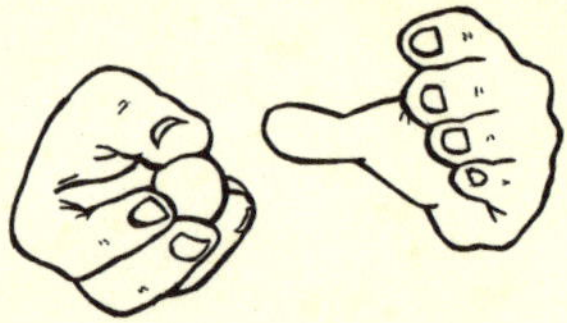

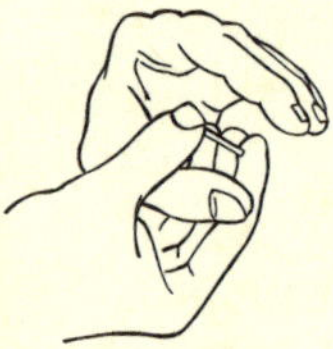

Con la destra fai il gesto di afferrare la moneta tenendo il palmo rivolto verso il basso infilando il pollice sotto la moneta e chiudendola a pugno come se l'avessi in mano.

Ora lascia cadere la moneta tra le dita raccolte mentre la mano destra avanza attirando l'attenzione del pubblico che crede contenga la moneta. La mano sinistra cade sul fianco come se nulla fosse, nascondendo il suo tesoro. Un buon allenamento potrebbe consistere nel praticare alternativamente un French Drop e una vera presa con la destra in modo da comprendere meglio la dinamica del gesto che il pubblico crede di vedere. Fai pratica davanti a uno specchio per verificare cosa vede il pubblico.

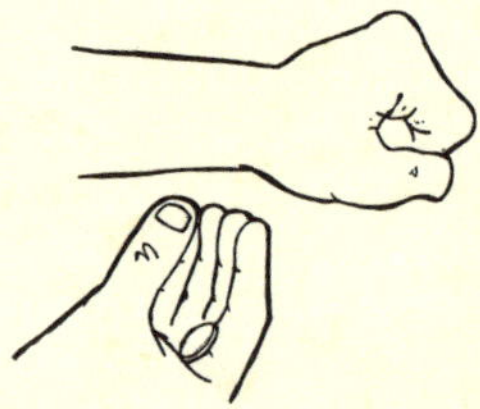

Un altro esempio di *misdirection* è rappresentato dalla mano sinistra (colpevole di nascondere la moneta) che indica la mano de-

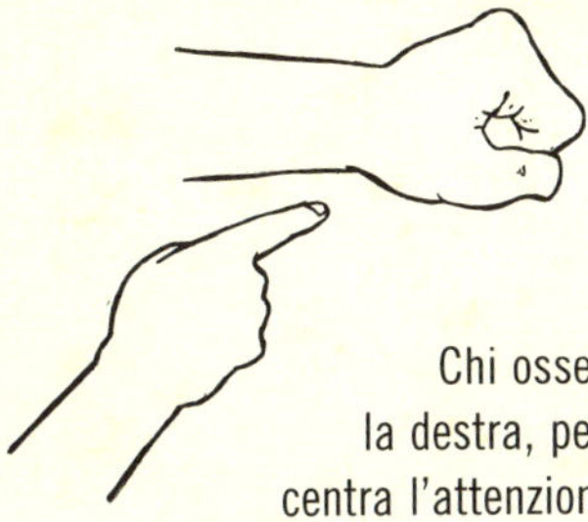

stra (che in realtà non contiene nulla). Tieni gli occhi fissi sulla mano destra e lascia ricadere la sinistra.

Chi osserva crederà che la moneta sia nella destra, per cui mettigliela sotto il naso, concentra l'attenzione su di essa e aprila lentamente dito dopo dito. È sparita! Ora avvicinati a uno spettatore e con la sinistra fingi di trovarla dietro al suo orecchio. Una persona non può vedere cosa avviene dietro i suoi occhi per cui... approfittane!

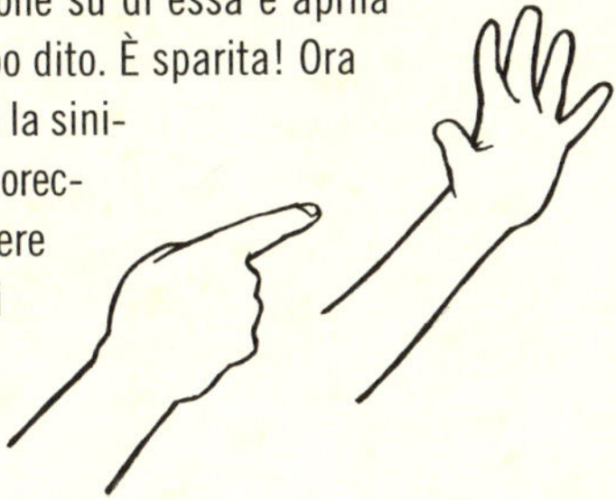

Quelli che ti abbiamo presentato sono tre semplici trucchi per far sparire piccoli oggetti, ma il mago affascina il pubblico tramite l'atmosfera e la giusta presentazione. Per esempio il *cough up* è efficace, pur basandosi su una storiella assurda.

All'inizio dell'esibizione dichiara di avere un buco in testa: il pubblico ridacchierà. Spalanca la bocca e lascia che qualcuno lo cerchi; quando non verrà trovato fingiti sorpreso e dichiara di poterne dimostrare la presenza.

Fai sparire una moneta nel modo che preferisci e con la mano vuota colpisciti la testa come se ci volessi buttare dentro qualcosa. Porta l'altra mano alla bocca e tossendo lascia cadere la moneta, afferrandola al volo con la prima mano. Sembrerà proprio che la moneta sia passata attraverso la testa!

Ricordati di fare movimenti fluidi e sicuri; se il pubblico ti chiedesse di ripetere il numero, non farlo: è una delle regole dei maghi.

L'altra regola fondamentale è quella di non rivelare mai e poi mai i propri trucchi a nessuno!

CAPITOLO 26

L'INCHIOSTRO SIMPATICO

Qualsiasi liquido organico trasparente può essere usato per fabbricarsi un buon inchiostro simpatico sensibile al calore: la materia organica, infatti, contiene carbonio e il carbonio brucia lasciando il segno. Il latte, il succo di limone, l'albume delle uova e perfino l'urina funzionano benissimo come inchiostro segreto. Per realizzare il messaggio riprodotto nella pagina successiva abbiamo usato il latte.

Abbiamo provato a scrivere una frase lungo il bordo verticale di una lettera e, una volta asciutta, la scritta è risultata visibile solo grazie a un'attenta analisi. Per vederla chiaramente, la si deve avvicinare a una fiamma. Ma fai attenzione a non bruciarti!

Naturalmente c'è molto da imparare. Il messaggio "L'esercito sbarca a mezzanotte" rappresenta un uso maldestro degli inchiostri simpatici. Comunicandolo a una spia che aspetta solo l'indicazione del momento in cui l'esercito sbarcherà, è sufficiente scrivere "mezza", rendendo il testo più difficile da decifrare.

Le lettere che nascondono messaggi segreti devono apparire realistiche e, nello stesso tempo, contenere dei segnali che indicano alla spia, e solo a lei, che sul foglio è presente un messaggio segreto.

L'inchiostro simpatico funziona così bene che, se il destinatario di una lettera non lo sa, è impossibile che si accorga della presenza di un messaggio segreto: avvertilo per tempo!

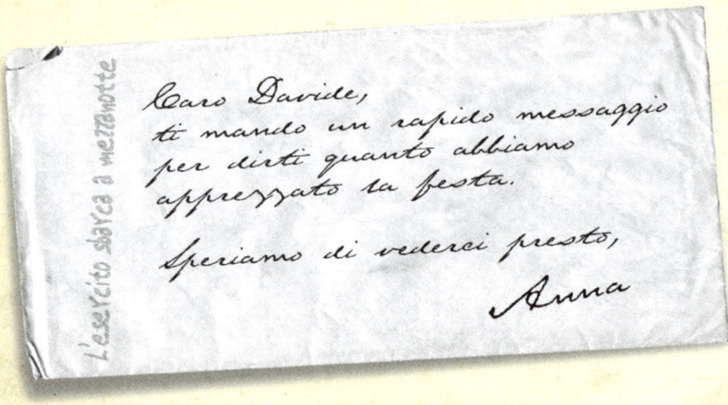

CAPITOLO 27

TINTEGGIARE E TAPPEZZARE LA CAMERA

Fai questa prova. Vai in camera e applica una striscia di nastro adesivo al muro. Ora strappalo di colpo: se si stacca anche la tinta, è venuto il momento di ritinteggiare i muri. Con un po' di pratica imparerai a farlo molto rapidamente. Potrebbe essere un modo per racimolare qualche soldo tinteggiando le camerette dei tuoi amici o, se sei fortunato, di una ragazza carina. Ecco cosa devi sapere e cosa ti serve. Prima regola: si lavora solo di giorno. Seconda regola: con una buona musica di sottofondo, si lavora meglio.

Raduna tutti i mobili nel centro della stanza e ricoprili con il nylon. Ora osserva tutto ciò che sporge: maniglie, spigoli, prese della corrente, e coprilo con il nastro adesivo di carta.

Se la pittura non è troppo vecchia,

puoi pitturarci sopra. Lavala prima con acqua e poco detersivo. Poi sciogli un po' di colla vinilica in un recipiente d'acqua e passa questa soluzione sul muro con il pennello. Se invece è molto vecchia, dovrai prima scrostarla: usa una spatola per farla saltare e carteggia con la carta vetrata.

Ora osserva il vecchio muro. Prima di pitturarlo, chiudi le crepe più sottili con un po' di stucco. Se ci sono tracce di muffa, toglila con la carta vetrata e spruzza la parete con liquido antimuffa o, se non ce l'hai, con la varechina (ma fai molta attenzione agli occhi!). Dai aria alla stanza, prima di proseguire.

Ora è venuto il momento di tinteggiare. Diluisci la tinta con l'acqua: non deve essere molto liquida, altri-

Gli attrezzi del mestiere

- **Pennelli e pennellesse (sono i pennelli piatti), uno grande almeno 15 cm, uno piatto da 5 cm e uno piccolino per i ritocchi**
- **Rullo (se la stanza è grande)**
- **Scala**
- **Telo di nylon**
- **Carta da giornale per coprire il pavimento**
- **Nastro adesivo di carta per coprire le superfici**
- **Colla vinilica**
- **Stucco da muro**
- **Spatole da stucco**
- **Spatole per scrostare la vernice, carta vetrata**
- **Radio con casse potentissime**
- **... E, naturalmente, idropittura traspirante, del colore che hai scelto**

menti non la stenderai mai (guarda sulla confezione le percentuali di diluizione necessarie e seguile scrupolosamente). Non intingere tutto il pennello fino a farlo grondare di colore. Un'immersione è sufficiente. Si comincia dal soffitto, poi si passa alle pareti: se inizi una parete, devi finirla, arrivando fino allo spigolo. Se vuoi evitare di fare gocce, prendi un piatto di plastica e legalo al manico del pennello con due giri di nastro adesivo di carta. Stendi una mano di vernice, standο attento a non lasciarne depositare troppa, lasciala asciugare e poi stendine almeno un'altra. Nella prima mano pittura in verticale, dall'alto in basso, e nella seconda mano in orizzontale.

Alcuni preferiscono mettere sulle pareti la carta da parati. Può essere molto bella e ricca di disegni, ma è piuttosto difficile da applicare. Questo non significa che devi farlo fare a qualcun altro.

Taglia i fogli prima di applicarli: ogni foglio deve essere lungo come l'altezza della parete più 10 cm.

Traccia una riga verticale sulla parete, da cui iniziare la posa: ti conviene cominciare da una finestra, muovendoti poi nelle due direzioni. Per fare una riga dritta, pianta un chiodo alla sommità del muro e legaci un filo con un peso sul fondo (filo a piombo).

Stendi il primo foglio di carta da parati sopra un tavolo, facendo attenzione a ricordare quale è l'alto e quale il basso. Stendi la colla in modo uniforme con un pennello. Attendi qualche minuto prima di applicarlo al muro. Quando lo attacchi, lascia 5 cm in alto e in basso, seguendo con attenzione la riga che hai tracciato prima sul muro.

Ora passa al secondo foglio: applicalo vicino al primo in modo che si sovrapponga di un paio di centimetri. Premi bene in modo che non si formino bolle.

Al termine di una parete, elimina la parte rimanente di carta (in alto e in basso), con un taglierino.

Usa il taglierino per fare emergere gli interruttori e le prese della corrente (precedentemente protetti con il nastro adesivo o smontati).

INDICE